AF130158

Jada Grisky

Danke, dass wir hier weiterleben dürfen

novum ◢ pro

Dieses Buch ist auch als
e-book
erhältlich.

www.novumverlag.com

Bibliografische Information
der Deutschen Nationalbibliothek:

Die Deutsche Nationalbibliothek
verzeichnet diese Publikation in
der Deutschen Nationalbibliografie.
Detaillierte bibliografische Daten
sind im Internet über
http://www.d-nb.de abrufbar.

© 2022 novum Verlag

ISBN 978-3-99107-793-0
Lektorat: Leon Haußmann
Umschlagfotos: Arevikdav,
Krystsina Kvilis, Daria Ustiugova,
Miriam Shagal | Dreamstime.com
Umschlaggestaltung, Layout & Satz:
novum Verlag

Gedruckt in der Europäischen Union
auf umweltfreundlichem, chlor- und
säurefrei gebleichtem Papier.

www.novumverlag.com

DANKE
dass wir hier weiterleben dürfen

„Wer nicht dankt, denkt nicht.
Wer nicht denkt, dankt nicht"

(Unbekannt)

Die dunklen Wolken des Lebens sind flüchtig.

Die Sonne wird immer für jemand aufgehen, der seinen Blick auf das Positive im Leben richtet und sich ein Herz voller Dankbarkeit bewahrt.

Ich widme das Buch meiner Familie, die mich inspiriert hat, es zu schreiben. Meinem treuen, lieben Mann Michael, der mir in siebzehn Jahren, in guten und schlechten Zeiten, beigestanden hat.

Joy und Lucien, unseren Kindern, meinen Gefährten in allen Höhen und Tiefen, die unser Leben mit Liebe und Schönheit erfüllen.

Luc, unserem Enkelkind, der uns mit seiner Lebensfreude angesteckt und bereichert hat.

Ich liebe euch. Ich schätze euch. Schön, dass es euch gibt.

DANKSAGUNG

Meine tiefe Dankbarkeit gebührt meinem Gott und himmlischen Vater. Er hat uns geholfen, zu überleben. Er hat seine starke Hand über unsere Köpfe gehalten. Er hat uns geschützt, getröstet und Hoffnung gegeben. Er hat den Witwenschleier auf meinem Kopf entfernt. Er hat die Halbwaisen-Wolke über Joys und Lyciens Köpfen weggescheucht. Er hat uns eine wundervolle geistige Familie, wahre Freunde und ein Gastland geschenkt.

Einen unbeschreiblichen Dank an meine Cousine Elvira. Sie hat ihr Leben und das ihrer Familie riskiert, um uns ein Jahr lang ein Zuhause zu ermöglichen.

Einen herzlichen Dank an dich Frau Herz. Du bist uns Mutter und Freundin gewesen.
du begleitetest uns gerne und unermüdlich überall hin; in allen Angelegenheiten.
Du organisiertest unseren Umzug vom Container zu unserem neuen Wohnort allein.

Einen herzlichen Dank an Frau Gerecht und ihre Partner. Sie haben uns Freundlichkeit geschenkt. Nur mit ihrer Hilfe konnten wir den Container verlassen. Sie schrieb für uns einen Brief an die Behörde, um unsere Situation zu erklären. Wir lebten schon ein Jahr lang im Container, hatten aber schon nach drei Wochen unseres Asyls eine unbefristete Aufenthaltserlaubnis bekommen.

Einen herzlichen Dank an Herr Mitgefühl. Er ist ein Mann mit Herz. Ohne uns zu kennen, suchte er für uns eine Wohnung.

Einen herzlichen Dank an die deutsche Regierung und das Land für ihre freundliche Aufnahme.

Einen herzlichen Dank an die lieben Menschen, die mir geholfen haben, den wahren Gott kennenzulernen.

Einen herzlichen Dank richte ich an meine Schwiegereltern, Renate und Günther, ebenso an die ganze Familie. Ihr habt uns mit wahrer Liebe, Achtung und Würde aufgenommen. Selbstwertgefühl ist, was man als Flüchtling zuerst verliert. Ihr habt uns die familiäre Wärme und den Schatz der Zugehörigkeit geschenkt.

Danke euch lieben Menschen, die ihr Joy und Lucien Spielzeuge geschenkt und sie zum Spielen eingeladen habt.

Danke euch lieben Menschen, die ihr uns auf unserem holprigen Weg begegnet seid und uns auf die eine oder andere Art und Weise Hilfe geleistet habt.

Ihr, die uns einen Schlafplatz geschafft habt, eine Mahlzeit gegeben oder ein Glas Wasser überreicht habt.

Danke an euch liebe Menschen, die ihr uns ein gutes Wort oder ein Lächeln geschenkt habt. Ihr, die mit uns geweint und uns getröstet habt.

Danke an euch liebe Menschen, die ihr Joy, Lucien und mir geholfen habt – aus der Nähe oder aus der Ferne, die uns bekannt oder unbekannt sind.

Dank an das Team des Vereins, der mich zur Kindertagespflegerin ausgebildet hat.

EINLEITUNG

Das ist ein Buch, das über die sensible und komplexe Situation berichtet, „Flüchtling" zu sein. Es gibt unterschiedliche Meinungen und Gefühle dazu, was Konflikte auslöst. Im Moment verlassen auf der ganzen Welt Millionen von Menschen ihre Heimat. Sie fliehen oder sind gezwungen, ihr Heimatland aus verschiedenen Gründen zu verlassen.

Meine Kinder und ich waren vor paar Jahren in der gleichen Situation. Manche Einheimische fühlen sich in ihrem Land gestört. Sie haben das Recht dazu. Die Flüchtlinge fühlen sich zurückgestoßen. Diese Gefühle kennt jeder, wenn man sich auf die Seite geschoben fühlt. Es ist menschlich.

Alle können nichts ändern, sie müssen zusammenleben, miteinander auskommen.

Das aktuelle Geschehen ist einer von den zwei Hauptgründen, die mich hoch motiviert haben, meine Erlebnisse als Flüchtling niederzuschreiben.

Der erste Grund, unsere Geschichte bis ins Detail zu erzählen, ist meine Familie. Nach mir gibt es niemanden, der diese Informationen geben kann. Irgendwann im Leben entstehen Fragen, ob man es will oder nicht. Jeder möchte über seine Herkunft, Familie, Ereignisse in seinem Leben Informationen haben.

Der zweite Grund ist, den Menschen, die sich in einer ähnlichen Situation befinden, von meinen Leben zu erzählen. Ich möchte sie Mut machen und zeigen, dass man weiterleben kann. Es war nicht leicht, aber möglich, weil wir uns auf das Positive konzentrieren wollten. Wir haben uns von dem Frieden und der Freude, ein Gastland gefunden zu haben, antreiben lassen. Der Humor und das Lachen haben uns unheimlich getragen. Das Schauspielern ist in uns inszeniert. Es ist heute noch ein Bestandteil unser Treffen.

Wenn man sich übt, wie ein Thermometer zu leben, kann man es schaffen.

Das Thermometer passt sich der örtlichen Temperatur ständig an. Wir haben es immer wieder und wieder geübt. Mit der Zeit gelungen es uns viel besser.

Alles, was ein Mensch will, kann er erreichen, wenn er nicht aufgibt. Einen großen Fehler, den man machen kann, ist, sich an seine Vergangenheit und alles, was dazu gehört, zu klammern. Das bringt einen nicht weiter. Die Vergangenheit bleibt nur Gedanken, aber helfen kann sie nicht. Sie bewirken das Gegenteil, nämlich Nostalgie und Ängste, die krank machen.

Sie können auch Auslöser von Aggressivität und dem Gefühl von Unzufriedenheit werden.

Auch für euch liebe Menschen, die ihr euren Nächsten von Herzen liebt. Ihr wollt gerne helfen. Ich habe dieses Buch geschrieben, um euch verstehen zu helfen, wie man sich in der Situation fühlt. Warum ihr vielleicht komische Reaktionen oder ungewohntes Verhalten beobachten konntet. Ich weiß, dass manche von euch an ihre Grenzen stoßen. Meine Erfahrungen können vielleicht als Stütze dienen, um eine effektive Hilfe zu leisten.

Mein Herzenswunsch ist, dass das Buch auch in die Hände von jungen Leuten gelangt. Ihr jungen Leute, die ihr heute in Deutschland angekommen seid. Mit Familie oder unbegleitet. Ihr, die hier geboren und aufgewachsen seid; ihr seid die zukünftige Generation.

Ihr, die hier neu seid, ermuntere ich euch, immer wieder, zu üben, mit euren Mitmenschen in Frieden zu leben. Euch in jeder Situation im Alltag durch Persönlichen Begegnungen und zwischenmenschliche Kontakte zu bemühen. So wird euch die Integration gelingen was dazu bei trägt, eine friedliche zukünftige Generation aufzubauen. Fragen stellen, euch zu informieren, die Mittel, die euch zur Verfügung stehen, zu nutzen, trägt zu einem soliden Wachstum bei in der Gesellschaft, in der ihr lebt. Dankbarkeit, zufrieden sein mit dem, was ihr hier bekommt, ist ein wichtiger Faktor, um euch richtig zu integrieren. Ihr, die hier aufgewachsen seid, könntet eine große Hilfe für andere sein.

Eltern, vermeidet bitte, die Konflikte, vor denen ihr geflohen seid, im Herzen euren Kindern einzupflanzen. Sie sind Gift für ihren Geist und Körper. Diese Konflikte vergiften das Verhältnis zu ihren Mitmenschen. Besser, sie beschäftigen sich mit positiven Dingen. Zum Beispiel, das Land, in dem sie leben, kennenlernen, die Landessprache lernen. Was wichtig für eure Kinder ist, in Ruhe zu wachsen. Bitte helfen sie ihnen, mit eurem guten Beispiel. Fleiß zu üben, das Gastland, in dem sie leben, zu akzeptieren und den Menschen mit Toleranz zu begegnen. So werden sich beide Seiten wohlfühlen. Das macht das Leben miteinander angenehmer.

Wenn man die ganzen Danksagungen, die ich bis ins Detail geschrieben liest, könnten sie schon als übertrieben angesehen werden.

Aber jede Geste und jedes Wort ist wie ein Blütenblatt, das die wunderschöne Rose ausmacht; „Unser Überleben".

Jede Geste und jedes Wort, egal wie klein, hat zu unserem Überleben beigetragen. Jeder Dank ist mit einer bestimmten Erinnerung verknüpft. Um es richtig zu verstehen, sollte man die Situation erlebt haben. Eine kleine Geste oder ein Wort bleiben im Alltag oft unbemerkt. Doch die negativen markieren dich dein ganzes Leben lang, wie ein Stich von einem heißen Eisen.

Diese schmerzhaften, außergewöhnlichen, herausfordernden Erlebnisse haben meine Kinder und mich gelehrt, die Menschen und das Land, die uns ermöglicht haben, einen Neuanfang im Leben zu haben, mit dem Herzen zu lieben. So könnten wir uns reibungslos richtig integrieren. Das wünsche ich vom Herzen jedem der sich bemüht es zu erreichen.

Identitätskrise

Die Identitätskrise trifft sowohl Teenager, junge Leute wie auch Erwachsene.

Definition: Eine Identität ist die Gesamtheit der Eigentümlichkeiten, die eine Entität, einen Gegenstand oder ein Objekt kennzeichnen und als Individuum von anderen unterscheidet. Eine Identitätskrise ist eine Krise, die durch ein unsicheres Selbstbild verursacht wird und dazu führt, dass die Wahrnehmung der Identität hinterfragt wird. (Google)

Die Identität eines Menschen schließt viel mehr ein als nur sein Aussehen.

Sie beinhaltet auch Werte, Überzeugungen und Charakterzüge. Die Identität umfasst alles, was einen Menschen ausmacht, sowohl innerlich als auch äußerlich.

Wer bin ich?

Diese Frage taucht irgendwann, nach einiger Zeit, im Leben von Menschen auf, die ihr Land verlassen haben.

Die Identität kann sich im Laufe des Lebens ändern, aber nicht die Gesamtheit.

Es gibt Situationen, in denen man seine Identität verliert, beispielsweise wenn man krank wird und alles vergisst oder als Folge eines traumatischen Schocks, schwerer seelischer Erschütterungen. Solche Fälle gibt es oft in Fluchtsituationen. Viele sind jahrelang unterwegs, von Ort zu Ort, von Land zu Land, unter unmenschlichen Bedingungen.

Sie erleben Foltergefängnisse, Schläge, Vergewaltigungen, Hunger und andere schwierige Lebensumstände. Irgendwann verschwinden die Erinnerungen.

Es gibt eine nationale Identität, die man für kurze Zeit verlieren kann.

In manchen Ländern hat jeder Bürger eine „Identitätskarte". Das war damals in Ruanda der Fall. Darin stehen die persönlichen Daten geschrieben, die jemanden von anderen Menschen unterscheidet. Wenn sie verloren gehen, hat die Person für kurze Zeit keine Identität, bis sie eine neue bekommt. In diesem Fall kann jemand vorgeben, ein anderer zu sein.

Wenn ich mich frage: „Wer bin ich eigentlich?", ist ein Durcheinander von Gefühlen für mich selbst und ganz wichtig von dem, was andere sagen.

„Wir haben Identität auf Zeit, dass wir uns für kurze Zeit zu etwas zugehörig fühlen, aber immer die Freiheit haben, in eine andere zu switchen, auch was uns selbst anbelangt." (Die Suche nach der eigenen Identität von Andrea und Justin Westhoff).

Man kann mehr als eine Identität haben, das hängt davon ab wie man sich definiert und in welcher Situation jemand sich befindet. z. B.: Ich bin Mutter, Lehrerin, Schriftstellerin, Übersetzerin, Kindertagespflegeperson.

Die Frage, „wer bin ich? wer bist du?" ist außerordentlich wichtig geworden.

Die Menschen, die ihre Heimat verlassen haben und in einem anderen sozialen, kulturellen Umfeld leben müssen, müssen sich integrieren. In diesen Kampf lernt man eine andere Art zu denken, zu leben, sich zu verhalten, dazu kommt die einheimische Sprache. Wenn man sich bemüht, dieser Sprache zu erlernen, rückt mit der Zeit die Muttersprache in den Hintergrund. Der Wille, seine eigene Sprache lebendig zu behalten, ist stark, aber die Umstände lassen das nicht zu. In meinen Fall höre ich kaum jemand, der meine Muttersprache spricht. Wenige Menschen aus meinem Heimatland wohnen in Deutschland. Diese Minderheit ist zerstreut. So geht einem ein Stück von der Sprache verloren. Wenn sich eine Möglichkeit ergibt, die Sprache zu sprechen, stellt man fest, dass der Klang nicht mehr derselbe ist, ein gewisser Akzent hat sich schön rein geschlichen. Beim Sprechen sucht man die Worte oder es springen die Worte der erlernten Sprache rein. Man bemerkt es und schämt sich. Dann kommt das Gefühl, sich selbst zu verleugnen. Man ist „eingedeutscht", wie es heute umgangssprachlich heißt.

Für die Menschen in dem Land, in dem man lebt, ist man „Ausländer", obwohl man sich ändert. Mein Frühstück besteht nicht mehr aus Bohnen oder Süßkartoffeln. Ich ziehe eine Hose an, was ich in meinem Heimatland nie gemacht hätte. Grüßen ist nicht mehr selbstverständlich, wie es früher war, weil viele auf Grüßen nicht reagieren, und vieles mehr. Bei aller Mühe passt man doch nicht in das Klischee. Das Gefühl des „Nicht-dazu-gehörens" löst ein unbeschreibliches Gefühlschaos aus. In diesen Momenten muss man aufpassen. Die Gefühle müssen wahrgenommen und sortiert werden, um sie in eine bewusste, gute Orientierung zu lenken. Wenn man diesen Raum gibt, ist es äußerst gefährlich, weil man resignieren und sich verlieren kann. Das Selbstwertgefühl geht verloren, was zu Depressionen und anderen Krankheiten führen kann.

Die familiäre Dislokation

Die Kinder, die Fluchtsituationen erlebt haben und die als Flüchtlinge aufwachsen, haben besonders vieles zu meistern. Im Gastland sind sie mit allen Arten von Diskriminierung konfrontiert: Hautfarbe, Aussehen, Religion, Herkunft, Sprache, etc.

Sie wollen akzeptiert werden, um jeden Preis. Sie wollen Freunde haben. Die meisten wollen die Schule schaffen. Um das zu erreichen, müssen sie die Sprache lernen, anders aussehen, ihr Verhalten anpassen, kurz gesagt, „alles mitmachen, alles ausprobieren".

An diesem Punkt entsteht der „Gruppenzwang". Wenn man nicht mitmachen will, ist man aus der Gruppe ausgeschlossen was besonders für die Junge Leute frustrierend ist.

Die meisten Eltern erwarten von ihren Kindern, dass sie gute Noten nach Hause bringen. Sie wollen, dass das kulturelle Verhalten, die Muttersprache, beibehalten werden. Die Kinder geraten in einen Konflikt. Sie wollen von anderen akzeptiert werden, auf der anderen Seite wollen sie auch ihre Eltern nicht enttäuschen. Beide geht aber nicht. Sie entscheiden sich früher oder später für die Mitschüler, Mitstudenten oder Arbeitskollegen. Die Eltern sind fassungslos, wenn ein Kind mit rosa gefärbten Haaren, Piercing, Tattoo, etc. nach Hause kommt. Sie sind nicht gewohnt, auf ein Kind bis spät in der Nacht zu warten. Die Eltern fühlen sich in ihrer Autorität mit Füßen getreten und als Versager. Die Kinder fühlen sich nicht verstanden. Dann beginnen endlose Streitigkeiten. Je mehr die Kinder beim Sprachlernen vorstritte machen, desto mehr rückt ihre Muttersprache im Hintergrund. Mit der Zeit sprechen und verstehen die Kinder mehr Deutsch als ihre Sprache. Es ist so, dass die Kinder oder jungen Leute schnell alles lernen. Bei den Erwachsenen dauert alles seine Zeit. Manchmal ist man auch aus unterschiedlichen Gründen nicht unbedingt motiviert, die einheimische Sprache zu erlernen. Es gibt auch Fälle, wo man es nicht kann oder nicht dazu in der Lage ist. Dann wird nach und nach die Kommunikation schwieriger. Mit der Zeit bricht die Brücke zusammen. Es entsteht zwischen Eltern und Kinder eine Kluft. Dann die Kinder ziehen von Zuhause weg. Die andere wollen nicht mehr die Schule besuchen. Die familiären Verhältnisse sind gestört. Oft ist es schwierig, überhaupt eine gute Beziehung über Jahre hinweg in der Familie wieder herzustellen.

Es gibt Kinder, die sich bemühen, weiter auf ihre Eltern zu hören. Sie sind willig, die Muttersprache zu erlernen. Es gibt auch jungen Leute, die die Muttersprache schon sprechen, und wollen sich bemühen sie zu behalten. Es ist meistens so, dass mehrere Fremdsprachen im Gastland nicht gesprochen werden. Oft, weil es vor Ort wenige Menschen gibt, die diese Sprache sprechen. Sie richtig zu erlernen, ist schwer, weil man kaum Gebrauchsmöglichkeit im Alltag hat. Nur zu Hause, unter Verwandten und Bekannten, ist unzureichend. Im deutschen Schulsystem gibt es neben Englisch noch eine Fremdsprache. Wenn die Kinder, Teenager, jungen Leute diese Sprachen lernen müssen und dazu die Muttersprache, dann beherrschen sie keine Sprache richtig. Für ihre Zukunft ist das sehr schlecht. Einen Ausbildungsplatz, einen Job zu finden, ist äußerst schwer. Das bringt Entmutigung mit sich.

Im dritten Teil des Buches erzähle ich von meinen Erfahrungen in der Kindertagespflege. Es ist ein Beruf, den jeder ausüben kann. Abgesehen von Geschlecht, Alter, Herkunft, Familienstand. Man muss nicht die Sprache beherrschen. Ich habe ausführlich davon berichtet, um viele Menschen zu ermuntern, sich für diesen Beruf zu interessieren. Ich habe spät von diesem Beruf erfahren. Zahlreiche Menschen wissen nicht, dass es gibt. Es ist aber nie zu spät, einen neuen Anfang zu machen oder was Neues zu erlernen. Das ist eine Tätigkeit, der befriedigend ist. Geld ist nützlich, aber was im Leben wirklich glücklich macht, ist, unsere Mitmenschen zu helfen. Jemand würde vielleicht sagen, na ja, sie werden dafür bezahlt. Es ist richtig. Es ist aber so, dass nicht alles, wofür man einen Lohn kriegt, den gleichen Sinn hat. Im Kindertagespflegeberuf ist man mit kleinen Kindern beschäftigt und arbeitet mit den Eltern zusammen, zum Wohl des Kindes. Es geht um Menschen. Abgesehen vom Geld es ist eine Möglichkeit, in der Liebe und im Beruf zu wachsen.

In den letzten Jahren sind die Betreuungszahlen in der Kindertagespflege gestiegen. Das gut ausgebildete Personal wird zunehmend gesucht. Als Kindertagespflegeperson können Sie selbstständig oder im Auftrag des Jugendamtes tätig werden. Dazu gibt es auch den Einsatz bei Familien und die Betreuung von Kindern in deren privaten Räumlichkeiten. Interessierte Personen werden ständig gesucht. Die Nachfrage ist groß.

Sind Sie neu hier? Es ist ein lobenswertes Ziel. Sind Sie hier aufgewachsen? Sind Sie Eltern? Sind Sie ledig? Üben Sie einen anderen Beruf aus? Kindertagespflege ist eine schöne Möglichkeit für Sie. Verpassen Sie sie nicht. Warten Sie nicht, jetzt ist die Zeit, tätig zu werden.

VORWORT

Ich wurde 1960 in Ruanda geboren und bin auf dem Land aufgewachsen.

Ruanda ist ein idyllisches Fleckchen. Ein zentralafrikanisches Land, im Herzen der Region der großen Seen. Kigali ist die Hauptstadt.

Es ist ein Binnenland mit einer Fläche von 26.338 Quadratkilometern.

Einwohnerzahl: 12.187.400 (Stand 2018, „de.m.wikipedia.org"). Ich bin Lehrerin von Beruf (Technische Pädagogische Schule). Fünf Jahre habe ich an einer Schule unterrichtet. Später machte ich eine Ausbildung zur Sekretärin. Neun Jahre habe ich im Ministerium gearbeitet, bis zum Ausbruch des Völkermordes.

Ich schreibe dieses Buch in Form von Briefen an meine beste Freundin Ciana. Fünfundzwanzig Jahre sind vergangen. Der Bürgerkrieg hat uns getrennt. Die Wurzeln des Konfliktes reichen weit in die vorkoloniale Geschichte zurück. Drei Ethnien bilden Ruandas Bevölkerung. Hutus ca. 85 %, Tutsis 14 % und Twa (Pygmäen-Waldbewohner) 1 % („en.m.wikipedia.org"). Ursprünglich waren Hutu und Tutsi keine getrennten Ethnien, sondern bildeten unterschiedliche soziale Gruppen: Tutsi waren Rinderzüchter und gehörten zur Aristokratie. Hutu lebten vom Ackerbau und waren von den Tutsi abhängig. Eingeführt wurde die Unterscheidung zwischen Hutu und Tutsi von den ersten Missionaren und Kolonialherren. Diese letzteren lassen diese in den Ausweisen schreiben.

Ciana und ich sind zusammen groß geworden. Später haben wir beide geheiratet.

Wir wohnten beide mit unseren Familien in der ruandischen Hauptstadt Kigali. Sie und ihr Mann Charles bekamen zwei Kinder. In das Jahr 1994 war ihre Tochter Beatrice fünf Jahre alt und ihr Sohn Fabrice drei. Ich heiratete Marc. In das Jahr 1994 hatten wir ein Kind, Lucien, der zwei Jahre alt war. Ich war im zweiten Monat schwanger mit Joy.

Ich erzähle meine Freundin, was ich von 1994 bis 2020 erlebt habe. Ich nehme sie mit in mein Tagesgeschehen. Was Kigali betrifft, ist jetzt bekannt für ihrer Sauberkeit – nach außen – für die Touristen. Ansonsten nach fünfundzwanzig Jahre ist der Präsident immer noch derselbe. Der Vorhergehende war ebenfalls lange an der Macht. Er regierte von 1973 bis 1994. Ich habe die Jahre vor und nach dem Völkermord erlebt.

In der Nacht vom 30. September auf den 1. Oktober 1990 begannen vom Nachbarland Uganda, aus bewaffnete Exil-Ruander, einen militärischen Feldzug zum Sturz des seit 1973 herrschenden Habyarimana-Regimes. Es dauerte noch vier Jahre bis zum Ausbruch des Völkermords. Es war eine sehr unruhige Zeit. Viele unschuldige Menschen verloren ihr Leben. In dieser Zeit arbeitete ich als Sekretärin in einem Ministerium. Ich war schon acht Jahre mit Marc verheiratet, der beim Militär war. Wir wohnten im Militärlager.

Am 19. Juli 1994 kam das aktuell herrschende Regime an die Macht. Ich habe auch vier Jahre unter dieser Regierung gelebt. Ich verließ Ruanda mit meinen beiden Kindern Lucien und Joy im März 1999.

Ich gehöre keinem Stamm an. Meine Mutter gehörte zum Stamm der Tutsi und mein Vater zum Stamm der Hutu. Aus diesem Grund gehörte ich von Anfang an in diesem Konflikt nirgendwohin. Ich habe auch nicht versucht, irgendwo hinzugehören. Mein verstorbener Mann Marc, der Vater meiner Kinder, gehörte zum Stamm der Hutu. Wir sind in diesem Konflikt neutral geblieben. Obwohl er Soldat war, blieb er neutral, wodurch er sein Leben riskierte. Die Neutralität hat das Leben meiner Kinder und meines gerettet, aber leider nicht seins!

Ich verteidige weder die damalige noch die jetzige Regierung. Dieses Buch ist ein Ausdruck meiner persönlichen Erlebnisse und Erfahrungen in diesen unterschiedlichen Zeitperioden. Das Buch ist politisch neutral. Aus meiner Sicht fasst ein Satz das Geschehene treffend zusammen: „Das Lied ist das gleiche – nur die Tänzer haben gewechselt."

Die stärkste Motivation, dieses Buch zu schreiben, ist meine Kinder Lucien und Joy, einen Teil ihrer Kindheit zu erzählen. Ein Teil ihres Lebens ist auch meines und ein Teil meines ist ihres. Mein liebevoller Mann, den ich später heiratete, ist ein Teil unseres Lebens und wir sind ein Teil seines Lebens geworden. Er weiß schon vieles, aber nicht alles ins Detail. Bei unserer Hochzeit war Lucien elf Jahre alt und Joy neun. Für ihn sind Lucien und Joy seine Kinder. Für Lucien und Joy, ist er ihr Vater. Er heißt für sie „Papa". Von meiner Kindheit hat mir niemand erzählt.

Ich habe auch nie gefragt. Ich habe mich nicht dafür interessiert. Ich wuchs bei den Großeltern auf. Ich hatte keinen Eltern. Ich bin die älteste von fünf Kindern. Meiner Mutter starb früh, ich war acht Jahre alt. Mein Vater ist direkt danach ausgewandert. Ich habe mir gesagt: „Schau nach vorne, baue deine Zukunft auf. Die Vergangenheit ist nicht wichtig!"

Nichts über meine frühe Kindheit erfahren zu wollen, ist einer der größten Fehler, die ich in meinem Leben machen konnte.

Kein Lehrer hat mir gesagt, dass meine Kindheit das Fundament für mein zukünftiges Leben ist. Niemand hat mir gesagt, dass meine Kindheit meine Gesundheit und mein Verhältnis zu meinen Mitmenschen stark beeinflussen wird.

So gut wie nichts zu wissen, hat mir sehr geschadet und später im Leben sehr weh getan. Später tauchten Fragen über mein Leben auf, aber ich konnte keine Antwort finden. Die, die Antworten auf meine Frage hatten, waren entweder geflohen oder tot. Das will ich auf jeden Fall meinen Kindern ersparen. Wenn sie irgendwann in ihrem Leben etwas wissen wollen, haben sie eine Quelle für Informationen. Für meinen Ehemann und jetzigen Vater meiner Kinder sollen diese Details dazu beitragen, die

Grenze jedes Einzelnen zu erkennen und zu verstehen. Außer mir gibt es keinen, der diese Informationen geben kann. Ich bin die Einzige, die die Antworten besitzt auf die Fragen, die auftauchen könnten. Bücher sind gute und treue Freunde. Nicht nur unsere Kinder werden von ihrem Leben erfahren, sondern auch die zukünftige Generation.

TEIL 1

Unsichere und besorgniserregende Zeit

KAPITEL EINS

Ausbruch des Völkermords

Liebe Ciana!

Ich habe alles versucht, was ich konnte, um Auskunft über dich und deine Familie zu bekommen. Ohne Erfolg. Ich hoffe, dass du irgendwo auf dieser Welt mit deiner Familie noch lebst. Heute nehme ich einen Stift, ein Blatt Papier und schreibe dir. Du fehlst mir so sehr! Du wirst diesen Brief bekommen. Ich werde ihn bewahren, bis ich von dir höre. Ich möchte dir gerne erzählen, was alles geschehen ist, seitdem wir uns nicht mehr gesehen haben.

Jetzt sind fünfundzwanzig Jahren vergangen seit unserer Trennung. Beim Ausbruch des Völkermordes, in der Nacht vom 6.4.1994, sind alle Menschen chaotisch, in allen Richtungen geflohen. Sie sind überall auf der Welt verstreut. Seitdem habe ich nichts mehr von dir und deine Familie gehört.

Marc und alle Soldaten müssen so schnell wie möglich das Kanombe-Militärlager erreichen. Sie sind einberufen worden. Marc hat einen Bekannten, der einen Pick-up hat. Er hat ihn gefragt, ob er uns dort absetzen kann. Ich suche schnell zusammen was wir mitnehmen können. Marc sagt: „Du brauchst nichts mitzunehmen. Wir sind spätestens nach einer Woche wieder hier". Ich sehe die Situation anders, aber ich sage mir: „Na gut, ich kann sowieso nicht viel mitnehmen, weil ich es allein schleppen muss". Das geht sowieso mit Lucien nicht! Marc muss in den Krieg ziehen. Ich nehme wenigstens Fotos mit, sie sind wertvolle Erinnerungen. Wir sind losgefahren. Während der Fahrt weine ich bitterlich. Wie wissen nicht, ob meine Schwester Pauline, ihr Mann Sylvestre und ihre beiden Kinder, Laurent und Julie noch am Leben sind. Obwohl nur in fünf Minuten von uns entfernt wohnen, es ist unmöglich was von denen zu erfahren. Sie ist hochschwanger und mehrmals haben die Extremisten angedeutet, dass sie sterben muss. Marc ist Soldat und besitz ein Gewehr, trotzdem kann er unser Viertel nicht verlassen. Die Militärs haben keinen Einfluss über das Geschehen. Die Milizen haben die Führung übernommen. Soldat sein ist kein Schütz, er könnt sterben, wenn es darauf ankommt. Im ganzen Land ist Ausgangssperre angeordnet worden, um Tutsis und alle gemäßigten Hutus zu töten. Von den Hutu-Milizen sind schon mehrere Barrikaden aufgestellt worden. So können sie jeden stoppen, der sich nach draußen traut. Wer nicht im Haus stirbt, stirbt auf der Straße. Um die Fahrt zu schützen, muss Marc sein Gewehr durch den Autofenstern bereithalten! Der Bekannte hat uns am Kanombe-Militärlager abgesetzt. Es ist morgens. Es herrscht Chaos. Man sieht und trifft am Eingang des Lagers jede Menge Leute. Soldaten, Zivilisten, Frauen, Kinder. Manche gehen raus, andere kommen rein, ohne oder mit Auto. Die Autos sind voll beladen wie bei einem Umzug. Die anderen Leute tragen alle möglichen Sachen auf den Armen, auf dem Kopf oder auf dem Rücken! Es ist beängstigend. Mir ist kalt im Bauch! Marc beobachtet die Szene. Er schaut mich verblüfft an und kriegt kein Wort raus.

Wir sind bei unseren Bekannten angekommen. Marie und Charles haben zwei Kindern.

„Wie habt ihr bis hier geschafft?"

Kurz danach wird Marc einberufen. Er soll nach Camp Kigali, Hauptquartier fahren, um sich da zu melden. Der Abschied ist schwer. Am frühen Nachmittag kommt jemand mit einer Nachricht von Marc. Auf den Zettel steht: „Fahr bitte mit der Person, die dir diesen Zettel bringt, bis zum Camp Kigali. Dort findest du einen Bus, der nach Cyangugu fährt. Fahr bitte mit". Ich muss mich von den Bekannten verabschieden und Camp Kanombe verlassen. Lucien klebt an meinem Rücken. Er weigert sich, die Füße auf den Boden zu setzen. Von da nach Camp Kigali, in Innenstadt, die Fahrt dauert dreißig Minuten. Der besagte Bus ist fast voll. Marc kommt angelaufen, um zu sehen, ob wir drin sind. Wieder verabschieden wir uns voneinander. Er sagt: „Überlege während der Fahrt, wo du mit Lucien hingehen kannst". Es besteht die Möglichkeit, zu meiner Familie oder zu seiner zu gehen, aber ich weiß nicht, ob sie noch leben oder schon geflüchtet sind. Meine Cousine Elvira wohnt dort, genau da, wo der Bus uns absetzen muss. Zu meiner Familie oder seiner zu gehen bedeutet für uns, vorher noch irgendwo übernachten zu müssen. Die beiden Familien wohnen weit weg, von dem Dorf wo der Bus uns absetzen wird. Wo können wir übernachten? Ich vertraue niemandem mehr. Ich weiß nicht mehr, wer ist Freund oder nicht. Ich vertraue mir selbst nicht mehr. Ich weiß nicht mehr, wer ich bin. Ich muss nur funktionieren. Ich fürchte mich zu den Familien zu gehen. Du weißt ja, Marc ist in seinem Geburtsort sehr bekannt. Ich habe Angst um unsere Leben. Ich bin entschlossen erst bei Elvira zu versuchen. Wir haben uns ewig nicht mehr gesehen.

Unsere Zufluchtsstadt

Der Bus erreicht Cyangugu am Abend, um achtzehn Uhr. In dieser Uhrzeit wird plötzlich dunkel. Der Tod schwebt in der Luft. Die Angst herrscht überall. Sie bedeckt das Land wie eine dicke schwarze Wolke an einem April-Unwettertag, die kein Licht durchlässt.

Glücklicherweise wohnt Elvira fünfhundert Meter entfernt von der Haltestelle, wo uns der Bus absetzt. Bei mir habe ich nur meine beiden Kinder. Eins auf dem Rücken, das andere im Bauch. Kein Mensch auf der Straße. Das Haus steht direkt an der Hauptstraße. Ich schaue nach oben, um zu sehen, ob zufällig jemand durch das Fenster guckt. Die Gardinen sind zugezogen. Keine Bewegung, kein Licht.

Ich gehe hin und klingle. Keine Reaktion! Ich bekomme unbeschreibliche Angst. Ich klingle wieder. Nichts!

Nach dem dritten Mal höre ich schleichende Schritte und eine leise Stimme: „Wer ist denn da?" Ich antworte: „Deine Cousine Jada und ihr Kind". Die Eingangstür öffnet sich einen Spalt. „Schnell, schnell, schnell!", flüstert Elvira. Da ich schwanger bin und Lucien auf meinen Rücken trage, kann ich nicht schnell laufen. Dazu kommen Hunger, Angst, Müdigkeit. Ich ziehe mich wie eine Schlange hinein. Sie bietet uns einen Tee an. Ich kann nichts essen, kein Appetit. Lucien wird nur noch gestillt, so konnte er überleben.

Es gibt keine Geschäfte mehr, keinen Markt, keine Lokale. Und auch wenn es sie geben würden – ohne Geld nutzt alles nichts.

Elvira sagt: „Ihr dürft bei uns bleiben. Wir werden zusammen sterben oder überleben."

Oh Ciana! Dieser ist einer von den Momenten, die für immer in mir geschrieben sind.

Die Momente, wo keine Worte und keine Geste der Dankbarkeit Ausdruck verleihen kann. Ich bin äußerst erleichtert und vom Herzen Dankbar.

Die Türen sind permanent geschlossen. Zwei Monate sind jetzt vergangen. Elvira hat ein kleines Lebensmittelgeschäft. Davon ernähren wir uns, jeden Tag ein bisschen. In zwischen es ist erschöpft. An dauernd hören wir eine Mischung aus Schreien, Hilferufe, Weinen von Menschen, die zum Töten fortgebracht werden. Rund um die Uhr, hören wir Lärme und Schreien von Milizen, die zu den Bewohnern marschieren, um sie fortzuschleppen und töten. Durch einen Zentimeter Vorhangöffnung können wir auf die Straße schauen. Wir sehen die immensen Flüchtlingsströme aus dem Inneren des Landes in das angrenzende Demokratische Republik Kongo. Es ist ein schrecklicher Anblick. Am Rand der Straße sitzen kleine Kinder, die von den Eltern verlassen worden sind. Die älteren Menschen liegen auf der Straße, weil sie nicht mehr laufen können. Die Entfernung ist für die kleinen Kinder zu Fuß nicht zu schaffen. Die Füße tun weh und bluten. Die Eltern basteln aus trockenen Bananenblättern eine Art Sandalen und laufen darauf! Alle möglichen Sachen liegen überall auf den Straßen. Die Toten liegen traurigerweise auch da! Ciana, ich sehe es, aber ich verstehe es nicht. Man kann es auch kaum verstehen. Mein Verstand kann es nicht erfassen. Menschen sind in dieser Zeit schlimmer als Tiere. Ich frage mich, was ist der Sinn der Bildung, wenn ein gebildeter Mensch keine Wertschätzung für das Leben anderer hat! Die Leute mit allen möglichen akademischen Titeln, die in hohen Positionen waren, die Führer des Volkes, haben diesem grausamen Schlachten ihrer Mitmenschen zugestimmt. Mitorganisiert und mitgemacht! Und die Geistlichen? Viele Menschen sind zu Kirchen geflohen. Sie hofften, dass ihnen dort nichts passieren würde. Man hat ihnen gesagt: „Wenn sie zur Kirche gehen, wird Ihnen kein Feind dorthin folgen". Sie wurden dort von Milizen niedergemetzelt. Wir sitzen da. Plötzlich ein unbeschreibliches Geschrei! Die Milizen ziehen zur Kirche, sagt Elvira. Die Kirche ist hier hinten, nicht weit. Das Ganze dauert ewige Minuten. Die Gruppe nähert sich der Hauptstraße. Elvira traut sich einen Blick durch das Fenster zu werfen. Sie lässt einen kurzen Schrei los. Da ist unsere bekannter! Wir haben uns angeschaut und nur geweint. Wir kannten uns von klein auf! Der Cousin meines Vaters, seine Frau und seine Kinder sind auch so schrecklich getötet worden. Er baute am Haus und hatte ein tiefes Loch im Hof gegraben. Die Milizen haben die siebenköpfige Familie hineingeworfen und dann lebendig begraben. Schrecklich! Die vier Jahre, die ich in Kigali gewohnt habe, habe ich keinen Mut gefunden, zu ihrem Grab zu gehen. Ich könnte es nicht ertragen. Meine Patentante ist mit ihrer neunköpfigen Familie mit Macheten ermordet worden. Sie sind nur einige von vielen, die uns nahestanden und die wir kannten. Ciana, unser Wiedersehen wird erst einmal nur traurig sein.

Du hast bestimmt auch fürchterliche Dinge erlebt!

Marc wusste nicht, wo wir sind. Er hat nach uns gesucht und uns schließlich bei Elvira gefunden. Er hat gerade die vollständige Evakuierung der Hauptstadt Kigali überlebt. Er erzählt mir, dass er mit ein paar anderen noch im Kigali war, als sie feststellten, dass sie den Krieg verloren haben. Sie hatten keine Munition mehr. Da der Strom ausgefallen war, lag die ganze Hauptstadt im Dunkeln. Sie fürchteten den Überfall der oppositionellen Armee. Sie sind einfach losgelaufen. Jeder seinen eigenen Weg. Er ist gelaufen, ohne zu wissen, wohin der Weg wirklich führte. Er lief einfach weiter und weiter. Er wusste nicht, wer neben, vor, hinter, rechts, links von ihm lief. Die Soldaten des abgesetzten Regimes, die Menschen, die in den Städten geblieben waren, die Soldaten der oppositionellen Armee, alle liefen durcheinander. Er versuchte, sich zu orientieren. Plötzlich hörte er das Rauschen eines Flusses. Er befand sich an der Nyabarongo Brücke. Tage und Nächte ist er 240 Km zu Fuß gelaufen, bis er Cyangugu erreichte. Dank des milden ruandischen Klimas konnte er seine Uniform ausziehen, um nicht aufzufallen. Tagsüber im Busch, die Nacht auf der Straße. Das war Ende April 1994. Ein paar Wochen sind schon vergangen.

Die oppositionelle Armee hat den Krieg gewonnen. Wir hängen die ganze Zeit am Radio. Wir wissen nicht, was auf uns zukommt. Ciana, jetzt, ist es neunzehn Uhr. Die Nachricht lautet, dass sich die Soldaten der abgesetzten Regierung, die noch im Land sind, an bestimmten Orten sich melden müssen! Die Liste der Orte wird im Radio vorgelesen. Sie müssen so schnell wie möglich dahin kommen. Marc muss nach Rubona. Ciana, kannst du dir vorstellen, wie es mir geht! Ein kalter Strom fließt durch meinen ganzen Körper. Mein Mund trocknet aus, kein Speichel mehr. Wir haben uns alle angeschaut, kein Wort. Panik in den Augen. Meine Liebe, ich kann nicht mal weinen. Es ist, als würde mir die ganze Welt auf den Kopf fallen. Die Erde rutscht unter meinen Füßen. Marc richtet seinen Blick auf Lucien, auf meinen Bauch, auf mich, kein Wort. Elvira, ihr Mann Onesphore, schauen uns an, kein Wort. Wir wissen nicht, was auf ihn wartet, ob er jemals zurückkommt. Eigentlich wissen wir es schon. Jeder weiß, was dieser dringende Appell bedeutet. Vier Jahre lang haben wir schon beobachtet, wie die Rebellen die Menschen behandelten, die in ihre Armen gefallen waren. Erneut, mit schwerem Herzen, nimmt er Abschied von uns.

Tage, Monate vergehen. Keine Nachricht.

Das Kind in meinem Bauch wächst. Glücklicherweise ohne Schwierigkeiten. Ciana, ein Wunder ist geschehen. Herr Doktor, mein Gynäkologe ist hier. Es beruhigt mich. Ich bin sehr erleichtert. Die Ärzte ohne Grenzen haben zusammen mit dem Roten Kreuz ein provisorisches Krankenhaus errichtet. Ich habe mich da untersuchen lassen. Ich habe am 22.11.1994 einen Entbindungstermin bekommen. Du weißt, dass ich immer ernste Probleme mit der Schwangerschaft hatte, überraschungsweise, dieses Mal nicht. Die Geburt ist mit Kaiserschnitt. Ich möchte keinen Kampf mit Wehen führen. Kämpfe habe ich mehr als genug. Ich habe keine Kraft dafür. Es so weit, heute ist der Tag. Ich habe bis heute nichts von Marc gehört. In einem kleinen Raum. Rechts und links von mir stehen Ständer, an denen ein weißes Tuch festgebunden ist. Es soll verhindern, dass ich sehe wie die Operation durchgeführt. Ich habe eine PDA bekommen. Die untere Partie wird betäubt. Ich kann alle Gesten des Gynäkologen sehen. Nach einer Weile merkte ich, dass er das Baby aus dem Bauch zieht. Es schreit laut. Der Gynäkologe sagt: „Sie haben ein Mädchen geboren". Ciana, ich bin glücklich, dass es gesund ist. Ich freue mich so sehr trotz, die schwierige Situation. Es ist eine unbeschreibliche Überraschung. Lucien hat eine kleine süße Schwester bekommen und ich ein gesundes Töchterchen! Alles ist gut gegangen. Ich bin entschlossen, meine beiden Kinder zu beschützen, egal was kommen mag. Niemals ohne sie! Marcs Situation sieht nicht gut aus!

Heute noch bin ich sehr dankbar, dass es solche Menschen gibt, die bereit sind, ihr Leben zu riskieren, um anderen zu helfen. Es ist sehr gefährlich. Der Krieg ist noch nicht zu Ende, die Bomben und Kugeln fliegen plötzlich in alle Ecken.

Elvira hat Lucien gebracht, um seine Schwester zu sehen. Er will unbedingt an meine Brust. Ich habe ihn während der ganz Schwangerschaft gestillt. Er versteht die Situation nicht, aber er merkt, dass etwas anders ist und klebt an mir. Ich erkläre ihm, dass jetzt die kleine Schwester gestillt wird und er nicht mehr, weil er jetzt ein großer Junge geworden ist. Er ist richtig sauer und will nicht mehr zu mir kommen! Nach einer Weile lässt er sich trösten.

Nur diese Nacht bleibe ich im Krankenhaus. Die Hygiene ist prekär. Heute bin ich zu Elvira zurück. Die Schmerzen sind groß. Die Wunde ist noch frisch. Der Kaiserschnitt heilt glücklicherweise schnell und ohne Komplikationen.

Elvira hat gute Kenntnisse im medizinischen Bereich, sie steht mir bei. Es ist angenehm, mit Elviras Familie zusammen zu wohnen. Ein Jahr lang haben wir bei ihnen gewohnt. Ich habe nicht ein einziges Mal ein negatives Wort oder eine unangebrachte Bemerkung. Elvira und ich führen tiefe und intensive Gespräche. Sehr bereichernd. Ein wunderschönes Geschenk. Es ist tröstend für mich, in so einer merkwürdigen Zeit bei einer solchen Familie wohnen zu dürfen.

Das Baby ist ein Monat alt. Marc ist überraschend wieder da. Er wusste ungefähr, wann das Baby kommen sollte. Er hat versucht ein paar Tage Urlaub zu bekommen. Er hat ausnahmsweise drei Tage erhalten. Alles könnte passieren. Es gibt keine Kommunikationsmöglichkeit. Er erzählt, dass die Soldaten von der abgesetzten Regierung in einem Internierungslager eingesammelt wurden. Sie dürfen nicht rausgehen. Es ist in Wirklichkeit ein Gefängnis. Er freut sich, Lucien und das Baby gesund zu sehen. Lucien kann schon ein bisschen sprechen. Das Baby hat jetzt einen Familiennamen bekommen. Gewöhnlich, in Ruanda der Vater ist der Namensgeber. Bis dahin hatte es keinen. Marc macht mir eine große Freude, ich darf ihr einen Vornamen geben. Ich möchte sie, „Joy" nennen. Die drei Tage sind schnell vorbeigeflogen. Er muss uns leider wieder verlassen. Mit schwerem Herzen verabschiedet er sich wieder von uns. Er ist mit dem Bus weggefahren. Das Leben im Lager ist jeden Tag unsicher. Er fürchtet um sein Leben.

Wir haben nichts außer den Klamotten, die wir anhaben. Elvira hat für alles gesorgt, so gut wie es möglich ist in diesen schwierigen Zeiten. Möge Gott ihr und ihrer Familie die Güte, die Liebe, die sie uns für längere Zeit geschenkt haben, vergelten. Die wahre Liebe ist selten, aber es gibt sie noch! Ich erlebe sie deutlich in dieser Zeit. Ich habe eine Zeit lang schon daran gezweifelt, dass sie wirklich existiert. Von jetzt an schwöre ich mir, auch anderen zu helfen. Wenn sich eine Situation ergibt, in der ich helfen kann, will ich es tun, ohne auf die Materialmenge und die Länge der Zeit zu gucken. Geduld zu üben ist auch ein Lernprozess, dem ich mich widme.

Sechs Monate sind schon vergangen nach Joys Geburt. Ich bin fest entschlossen, nach Kigali zurückzukehren. Wir können nicht ewig bei Elvira wohnen. Ich bin von Angst voll beladen. Da mein Mann bei Militär war, weiß ich nicht, wie die überlebenden die uns kennen, auf uns reagieren werden. Wir sind mehr als drei. In der Zwischenzeit habe ich erfahren, dass meine Schwester Monique und ihre Tochter Evelyn noch am Leben sind. Elvira hat sich bereit erklärt, sie auch in ihrem Haus aufzunehmen. Wir wohnen alle fünf bei Ihr! Zurück nach Kigali bedeutet, für fünf zu sorgen. Ich habe keine Arbeit. Wo werden wir wohnen mit zwei Kindern und einem Baby? Wovon werden wir leben? Eine außergewöhnliche Herausforderung! Trotzdem, Hand auf das Herz. Ich möchte versuchen, in einem normalen Leben zurückzukehren. Also verabschiede ich mich von Elvira, ihrem Mann und ihren lieben Kindern.

Was ist eine medizinische PDA?
Die PDA ist ein Betäubungsverfahren, das häufig bei Geburten eingesetzt wird, um die oft sehr intensiven Schmerzen der Frauen zu lindern. Der Arzt spritzt ein Medikament nahe dem Rückenmark ein und unterdrückt so für eine gewisse Zeit die Signalweiterleitung der Nerven. (www.netdoktor.de)

KAPITEL ZWEI

Abenteuer in der Hölle

Zurück nach Kigali – 1 Jahr später

Wir sind heute am frühen Morgen gefahren. Die Fahrt dauert fünfeinhalb Stunden. Auf der langen Fahrt realisiere ich, wie schwer das Land vom Krieg geschädigt ist. Das Land ist verwüstet! Seit einem Jahr bin ich nirgendwo gewesen!

Ich muss mich um eine Übernachtungsmöglichkeit bemühen. Zufällig haben wir erfahren, dass Marianne und ihr Mann Jean und ihre Kinder in Kigali sind. Freundlicherweise nehmen sie uns für ein paar Tage auf, während ich versuche, nach unserem Haus zu fragen. In unserem Haus wohnt ein Soldat, der aus Uganda kam.

Das Land.
Tränen über meine Heimat.
Requiem an das Land, das mich zu Welt kommen sah.
Requiem an das Land, das mich aufwachsen sah.
Blauer Kivu See – adieu den Spaziergängen an deinen Ufern. Du verlorst deine Schönheit an dem Tag, an dem du das Blut deiner eigenen Kinder trankst und ihre Leichen in deinem Inneren behalten hast.
Adieu, Frieden und Harmonie.
Adieu, Lachen und freudige Schreie der Kinder, die in den Straßen der Nachbarschaft spielten.
Adieu, Sommerabende, draußen im Mondlicht.
Der Tag in deinen tausend Hügeln wacht nicht mehr mit Vogelgezwitscher auf.

Die Hähne krähen nicht mehr in deinen Höfen. Ruanda, du traumatisiertes Land. Ruanda, du Stadt im Chaos. Ruanda, menschenleere Stadt. Ruanda, du Land des Grauens und Schreckens. Eine Stadt, in Blut und Leichen. Eine Stadt, voller Hunde!

Bomben, Waffen und Geschreie versetzen die Tiere in Angst und sie fliehen. Die Hunde sind die einzigen Tiere, die übrig geblieben sind. Du kannst es dir nicht vorstellen, Ciana. Der Gestank von toten Menschen. Das Geräusch von Hunden, die sie fressen. Ihr Geheul Nacht für Nacht. Unerträglich! Es macht das Herz krank und frisst mich innerlich auf! Die Bewohner jagen die unermüdlich, um die auszurotten.

Eine Stadt des Schreins. Hilferufe von unschuldigen Kindern, Frauen und Männern. Die Flüchtlinge, die nach und nach zurückgekehrt sind, steht der Schrecken noch auf ihrer Stirn gemalt. Sie sind obdachlos. Ihre Häuser sind von Bomben weggefegt oder von Extremisten, Ziegelstein für Ziegelstein, abgebaut worden bis zum Fundament. Viele Häuser sind von den Menschen, die neu ins Land gekommen sind, besetzt. Sie kamen mit dem Militär, die das Land eroberte. Der Tod ist überall präsent, wie ein Schatten am sonnigen Tag, der jemand die ganze Zeit begleitet. Das Land ist voller Kinder jeden Alters. Manche sind Waisen. Andere sind von den Eltern während der Flucht getrennt worden. Von anderen sind die Eltern im Gefängnis.

An Kirchen gehen Witwen mit Kindern auf dem Rücken umher. Sie haben nichts mehr. Kein Zuhause, keinen Mann, keine Familie. Viele Menschen haben erschreckende Verletzungen. Anderen fehlen Körperteile, amputiert von Macheten oder Bomben. Ein schmerzen Augenblick.

Das Land ist voller Soldaten, darunter auch Kindersoldaten, so genannt „kadogo". In Wirklichkeit weiß Man nicht genau, wer ist ein staatlich anerkannter Soldat. Eine Uniform kann sich jeder besorgen. Die, die andere entführen haben nichts zu beweisen, dass sie auf eine Arbeitsmission sind. Hauptsache „Macht", „Autorität". Ständisch verschwinden unzählbare Menschen ohne jede Spur. Etwas zu besitzen ist eine Gefahr für jemanden, der vor dem Krieg im Land lebte. Jeder mit Uniform kann kommen und befehlen, ihm zu folgen. „Nein" könnte jederzeit zu Tod führen. Es gibt kein Gesetz. Sie nehmen in allen Geschäften, Cafés, Restaurants, usw. alles, was sie wollen, ohne Bezahlung. Soviel sie wollen. Dazu gehören Frauen. Sie übernachten, bei wem sie wollen. Sie kommen unangemeldet! Es gibt keine Moral mehr. Unzählige Menschen sterben an HIV. Viele Frauen nehmen andere Männer und dann kommen ihre Ehemänner aus dem Exil zurück. Es führt zu bitteren Auseinandersetzungen, Mord oder Gefängnis. Bloß nicht nach seinem Besitz fragen. Die Menschen, die auf dem Land wohnen, wollen nicht mehr dort leben und Landwirtschaft betreiben. Sie wollen in den Städten leben. So bleiben viele Landgrundstücke unbearbeitet. Infolgedessen sind vermehrt gefährliche Krankheiten wie Malaria aufgetaucht. Der Alkoholkonsum ist nicht mehr zu kontrollieren. Die Überlebenden trinken und essen nach dem Motto: „Wir haben es geschafft! Wer weiß, vielleicht sind wir morgen nicht mehr da!"

Es gibt keine Dokumente, keine Bücher über irgendwas. Sie sind entweder von der abgesetzten Regierung mitgenommen oder von den Eroberern vernichtet worden! Obwohl ich jetzt wieder vier Jahre in Kigali wohne, kann ich keine Dokumente bekommen, um meine schulische Laufbahn nachzuweisen.

Das Land ist ins Chaos gesunken! Viele, die an hohen Posten in verschiedenen Bereichen sitzen, sind nicht ausgebildet. Es ist erschreckend, zu sehen, dass viele weder schreiben noch lesen können.

Die Straßen sind sehr schmutzig. Unkraut wächst wild überall. Die offiziellen Gefängnisse sind überfüllt. Jedes Haus, jeder Keller, jede versteckte Ecke ist ein improvisiertes Gefängnis. Die Konzentration von Millionen Flüchtlingen inklusive Milizen in den Lagern bei Bukavu und Goma (Zaire) bedroht die Stabilität und Ruhe. Sie kommen schleichend ins Land und suchen Personen, die sie schon früher kannten. Sie zwingen sie, mit ihnen zu kooperieren, um die Regierung zu destabilisieren. Wenn sie im Land sind, brauchen sie Platz, zu schlafen, etwas zu essen, wo ihr Material verstecken und sie brauchen über alles Informationen. Sie suchen hauptsächlich die Frauen von früheren Militärs. Sie wissen schon, dass sie im Land im Visier der neuen Regierung sind. Sie werden von den neuen Landbewohnern bedroht. Aufgrund dessen würden sie die neue Regierung hassen und würden mit denen kooperieren, um Unruhe zu stiften. Wenn jemand ahnt, dass du Kontakt mit denen hast, dein Tod ist sicher. Ebenfalls, wenn du mit Milizen nicht kooperieren willst, dein Tod ist garantiert. Sie haben oft Menschen mit Öl verbrannt. Vorher war ich weder von Tutsis noch von Hutus akzeptiert. Heute das gleiche, ich bin im Visier der Regierung und der Milizen. Was dann?

Weißt du, Ciana, ich habe schreckliche Angst, dass sie mich finden. Ich versuche, jeden Kontakt zu vermeiden, außer mit meiner Familie. Ich muss ständig überlegen, wie ich mich verstecken kann, um von wenigen Leuten gesehen zu werden. Sie wissen nicht, wer in Ruanda ist, sie müssen suchen. Nicht wenige haben die Suche zu ihrem Hobby gemacht. Die hassen die Menschen, die im Land geblieben sind. Wir sind Verräter, sagen sie. Am liebsten würden sie alle töten. Die Soldaten der neuen Regierung durchsuchen Häuser von bestimmten Personen oft und überraschend. Die Durchsuchungen werden sehr früh am Morgen durchgeführt.

Ich besitze fast nichts mehr, aber immer wieder taucht etwas auf, was darauf hindeutet, dass ich mit einem Militär zu tun hatte. Wenn so eine Kleinigkeit bei jemand gefunden wird, ist das Gefängnis die nächste Station. Die Hoffnung, da rauszukommen, ist sehr gering. Die Gefängniswächter sind meistens Kindersoldaten. Die Frauen, die da hingebracht werden, bleiben nicht von Vergewaltigungen verschont. Das ist für mich ein zusätzlicher beunruhigender Faktor.

Die Angst, die in mir wohnt, ist wie ein Mammutbaum mit unzähligen Ästen. Sie meiner permanenten Begleiter.

Die Menschen

Ciana, ob du es glaubst oder nicht, ich suche eine Arbeit. Ich bin den ganzen Tag in verschiedene Viertel gelaufen und habe keinen Menschen getroffen, den ich kenne! Sie sind alle Fremde. Sie sind von verschiedenen Ländern zurückgekommen. Sie sind in anderen Ländern geboren und aufgewachsen. Das macht die Lage noch schlimmer! Sie sprechen verschiedene Sprachen. Die großen gesprochenen Sprachen sind: Englisch, Swahili, Französisch, Lingala, Luganda, Kirundi. Die militärische Umgangssprache kommt dazu, sie ist eine Mischung aus allen. Aus diesen verschiedenen Sprachen entsteht eine neue Kinyarwanda Sprache. Ich nenne die Pidgin Kinyarwanda, weil sie von allen diesen verschiedenen Sprachen abgefärbt worden ist.

Ciana, jetzt ist die französische Sprache nicht mehr die Bürokratie- und Bildungssprache. Sie wird langsam, aber sicher durch Englisch ersetzt.

Es gibt keine Kultur mehr. Die gebildeten, intelligenten Menschen sind fast alle ermordet worden. Es gibt aktuell keine Künstler, Musiker, Autoren, Lehrer, ... Es ist alles fremd, ich denke bei mir: „Das ist ein fremdes Land, das ist nicht meine Heimat". Wie du weißt Ciana, ich gehöre zu keinem Stamm! Wie vor dem Völkermord, ich war weder von Tutsi noch von Hutu akzeptiert! Das gleiche Szenario wiederholt sich.

Habgier, Unehrlichkeit, Bosheit, Gewalt, Rache herrschen in allen Lebensbereichen. Das sind Hauptgründe dafür, dass viele Menschen verschwinden oder tot gefunden werden. Für viele Menschen ist es grausam, jemand nicht begraben zu haben. Sie wissen nicht, ob er gestorben ist oder noch lebt. Sie warten,

warten, aber bis wann?

Jetzt, im Oktober 1996, startet die Ruandische Patriotische Front (FPR) eine Offensive gegen die ruandischen Flüchtlinge an der Westgrenze des Landes. Ciana, sie sind umgeben, sie sind gezwungen, nach Ruanda zurückzukehren. Sie müssen nach dem Völkermord beurteilt werden. So eine Menschenmenge erinnert mich an den Exodus im Juni 1994 nach der Einnahme von Kigali. Hast du es gesehen oder miterlebt? Von allen Ecken, auf all den kleinen Wegen, die sich um die Hügel Ruandas schlängeln, läuft eine Menschenmenge in gemischter Formation wie Ameisen. Es ist unmöglich, jemandem zu erkennen! Stelle dir vor, manche sind über zwei Jahre hin und her gelaufen, ohne zu wissen, wohin. Viele sind in den Wäldern tot zurückgeblieben. Die anderen fielen nachts in die Sümpfe. Von Hunger, Krankheiten, Kälte, Hitze, Ängste, Müdigkeit. Sie sind Lebende Tote.

Bei der Ankunft dürfen sie sich nicht mit den anderen Menschen vermischen, die auf dem Land leben. Sie müssen zuerst an einen besonderen Ort, in bestimmte Räume.

Da werden sie mit DDT desinfiziert. Haare werden wegrasiert, Nägeln geschnitten, eine lange Dusche wird genommen. Ihre Klamotten werden gesammelt und an einem geeigneten abgelegenen Ort verbrannt. Das sind die Vorsichtsmaßnahmen, die von der Regierung getroffen worden sind. Diese Menschen so zu sehen und unter denen, die man schon vor dieser Tragödie kannte, ist für mich ein zusätzliches Trauma!

Es gibt jetzt landesweit eingerichtet Dorfgerichte, die sogenannten „Gacaca". Da trifft sich die Dorfgemeinschaft. Die Täter müssen ihre Taten öffentlich zugeben und die Überlebenden um Vergebung bitten. Wer neu im Dorf ankommt, muss sich beim Dorfvorsteher melden. Wir mussten uns auch melden. Den folgenden handgeschrieben Bescheid haben wir erhalten:

Bescheid
Die Verantwortlichen der Gikomero Zelle bestätigen, dass die
Frau Jada Grisky vor April 1994 in der Gikomero Zelle, Sektor
Remera, wohnte. Sie und ihre zwei Kinder Lucien Shimwa und
Joy Gihozo sind noch am Leben.

Nyumbakumi Zonenaufseher Aufseher   Remera Sektorrat

Unterschrift   Unterschrift   Unterschrift Unterschrift
den 10.6.95

Ich habe versucht, den Bescheid genauso wiederzugeben, wie
wir ihn bekommen haben. Es ist mit der Hand geschrieben. Es
dient auch als unser Ausweis.

Im Gacaca endet nicht alles. Es gibt diejenigen, die vor Gericht erscheinen müssen. Wie kann man an das Ganze glauben,
vorgeben, gerecht zu sein, wenn die Gerechtigkeit nicht auf einem Gesetz, auf sicheren und fundierten Beweisen beruht? Manche, die diese Gacaca-Dorfgerichte bilden, waren während der
Kriegszeit nicht da. Andere, die in dieser Zeit im Land waren,
sind absolut nicht geeignet, so eine schwierige, bedeutungsvolle
Aufgabe zu übernehmen. Letztendlich entscheiden sie über jemandes Leben oder Tod, Freiheit oder Gefängnis. Das Geschehen zeigt jeden Tag, dass es vor allem darum geht, den Besitz
von anderen zu behalten oder den Arbeitsplatz. Vorzugsweise
Häuser, Grundstücke, Geschäfte, Autos, Last Kraft Wagen ... Das
ist ein Teufelskreis. Die ethnischen Konfliktsituationen gab es
schon 1959 und wieder 1973. Die Frage bleibt: „Ist die Versöhnung unter dem ruandischen Volk möglich?"

DDT: Dichlordiphenyltrichlorethan ist ein Insektizid, das seit Anfang der
1940er-Jahre als Kontakt- und Fraßgift eingesetzt wird.
(de.m.wikipedia.org)
In Rwanda wurde es benutzt in Kaffeeanbau um die Insekten wegzuscheuchen.

Gacaca war bis 2012 ein traditionelles ruandisches Rechtssystem, welches die Dorfältesten vollzogen. Verhandlungen wurden nämlich auf diesem Gacacagras geführt, es wird daher auch als Wiesengericht bezeichnet. Traditionelle Gacaca-Gerichte gaben schon in vorkoloniale Zeiten.

Sie waren als informelle und flexibel. Verletzungen von sozialen Normen und kleinere interfamiliäre Streitigkeiten wurden unter der Führung von weisen, alten Männer der Gemeinde geregelt.

In traditionellen Gacacas ging es nie vorrangig um Bestrafung, sondern um den Erhalt des sozialen Friedens.

Die traditionellen Gacacas überlebten die Ankunft der Europäer in Ruanda. Doch 1924 begrenzte die belgische Kolonialverwaltung die Jurisdiktion des Gerichts auf Zivil- und Handelsbereiche, was ein langsames Aussterben des Systems in den größeren Städten zur Folge hatte.

Auch nach der Abhängigkeit 1962 blieben die Gacacas weiter für kleine Zwiste zuständig und wurden gleichzeitig ins offizielle Rechtssystem integriert (de.m.wikipedia.org, „Gacaca").

Eine Zelle: ist die kleinste ruandische Verwaltungseinheit. Jede Zelle ist in Dörfer unterteilt.

Nyumbakumi:	aus der Suahili Sprache; Aufseher für zehn Haushalte.
nyumba:	Häuser
kumi:	zehn

Gacaca: Der Begriff leitet sich ab von einer Grasart, die in Ruandas Berglandschaft wächst.

Ciana, sowohl in Gacaca als auch in Gerichtssitzungen sind die sogenannten „Weinenden". So werden Frauen genannt, die in Gerichtssitzungen kommen, um den Angeklagten weiter zu beschuldigen
und unbedingt als Täter darzustellen. Sie stellen sich als Zeugen
dar. Sie weinen bis zum geht nicht mehr. Sie erzählen alles Mög-
liche. Oft hat sich herausgestellt, dass sie den Angeklagten nicht
kannten. Manchmal können sie nicht einmal sagen, wer den Angeklagten getötet hat! Was sagen die Richter? „Wenn ein Mensch
tot ist, ist tot." Sie verurteilen jemand, ohne konkrete Beweise zu
haben. Als Angeklagter hat man keinen Zeugen. Sie sind entweder
geflüchtet oder verstorben. Die, die im Land blieben und über die
Wahrheit Bescheid wissen, haben Angst, sich als Zeugen zu melden.
Sie fürchten um ihr Leben. Die mit der neuen Regierung ins Land
gekommen sind, haben alles für sich genommen in der Hoffnung,
dass die Besitzer gestorben sind. Wenn zu ihrer schlechten Überraschung einer zurückkommt, tun sie alles, um ihn loszuwerden.

Die Leute, die ein Haus, Geld, einen guten Arbeitsplatz oder andere wertvolle Dinge haben, sind in Gefahr, früh oder später solche
Beschuldigungen zu erleben. Noch ein Grund ist, dass die diejenigen,
die sich das Eigentum anderer zu Unrecht aneignen, es nicht zurückgeben, sondern behalten wollen. Auf diese Weise hoffen sie, dass die
Eigentümer zu lebenslanger Haft oder zum Tode verurteilt werden.
Es ist böse, was manche Menschen tun, um andere loszuwerden.

Kinder
Ciana, in der Stadt sind zahlreich Kindersoldaten „Kadogo" zu
sehen. Sie sind sehr ernst, sie verstehen keinen Spaß. Sie lächeln
nicht! Man sieht sie kaum unter ihre Uniform und Munition.
Die Straßenkinder, Mayibobo genannt sind ein Dilemma. Es
gibt keine Lösung in Aufsicht. Sie sind unzählige! Keiner weiß, wie
viele sie sind. Sie sind überall. Sie können allein ein Dorf bewoh-
nen. Vom Kleinkind bis zum Teenager. Mädchen, Jungen, Hutus,
Tutsis, Hutsis (Umgangssprachlich Ausdruck für die Mischung,
Hutus-Tutsis). Sie sind alle gemischt. Es ist schwierig, ihre Identi-

tät zu etablieren, denn die Kleinen wissen nicht, woher sie kommen, weder ihre Namen noch die Namen den Eltern. Viele, die älter sind, sind so traumatisiert, dass sie nichts mehr von ihrer Vergangenheit wissen. Sie wohnen auf die Straße. Manche haben ihre Eltern durch Völkermord oder im Krieg verloren. Von anderen sind die Eltern an HIV gestorben. Manche Eltern sind ausgewandert und haben die Kinder zurückgelassen. Andere Eltern sind im Gefängnis wegen Verdachts oder in Verbindung mit Völkermord. Andere sind während der Flucht von ihren Eltern getrennt worden. Die Kleidung der meisten besteht aus Lumpen. In mehreren Ecken sieht man Verhungerte liegen. Es ist für eine Mutter, die noch ein Herz hat, ein besonderes Trauma! Ciana, in einer Notsituation nicht helfen zu können, ist belastend. Besonders einem Kind! Furchtbar!!! In jeder Konfliktsituation sind Kinder Opfer. Sie können sich nicht wehren, schützen. Sie sind auf die Erwachsenen angewiesen. Oft werden sie verlassen. Was noch kritischer ist, ist dass diese Kinder, von der Rassismus Krankheit infiziert sind. Dieser Virus herrscht unter diesen Kindern wie ein König. Er verbreitet sich wie eine Gangrän!

Abgesehen von Ethnien; was ich in Kigali sehe, ist ein ewiger Albtraum für die zukünftige Generationen. Ob man es will oder nicht!

Die Religion

Man sieht weder Nonnen noch Priester.

Viele sind in Gefängnissen. Andere sind gestorben oder ins Exil gegangen.

Stelle dir vor! Keiner geht zur Kirche! Die Katholische Kirche ist aktuell tabu!

Die neuen Eroberer brachten ihre Religion und ihren Kult mit.

Die Menschen versammeln sich mehr in kleinen Gruppen in Sälen.

Die Gebetsgruppen wachsen schnell wie Champignons auf im ganzen Land.

Ich bin heute in Nyamasheke. Unsere Schule ist noch da. Ich bin auf der Suche nach einem Schulabschluss. Die Kirche steht auch noch da. Ich bin rein gegangen. Ich sage dir, was ich hier sehe, ist Horror pur. Fleisch und Haut von Menschen kleben noch fest am Dach.

Die Jesus-Statue am Altar, die Wände, überall ist noch vertrocknetes Blut zu sehen! Ich bin in Panik schnell rausgerannt! Von einer Passantin, die mich beobachtet hat, erfahre ich, dass da drin viele Menschen erschossen worden sind. Sie waren gekommen, um Schutz beim Priester zu suchen. Die Milizen haben durch die Menge geschossen. Bis heute hat sich keiner getraut, die Reinigung Aktion zu übernehmen.

Die aktuelle Religiosität hat wenig Wirkung. Die Menschen sind weiter weg von Aufrichtige Reue und Vergebung.

Netterweise hat uns die Familie Kagwete aufgenommen.

Ich muss mich zuerst vorstellen, vor einer Gruppe von Männern, die mich identifizieren wollen. Es gibt kaum noch Nachbarn aus der Zeit vor dem Völkermord! Ich muss eine Lebensbescheinigung, eine Geburtsurkunde, ein vollständiges Identitätszertifikat und einen überleben Bescheinigung an die Gruppe überreichen.

Die ganzen Bescheinigungen nicht nur für mich, sondern auch für Lucien und Joy.

So werden sie dann die Namen im Dorf aufhängen. Das heißt bekanntgeben, dass die Kinder und ich zurück sind. Es ist eine Möglichkeit, für jeden zu sagen, ob ich am Völkermord teil- genommen habe oder einer politischen Partei angehörte.

Die Nachkriegszeit ist so schlimm Ciana, dass ich mir oft wünsche, ich wäre tot gewesen.

Ich fürchte mich nicht nur für meinen Leben, sondern auch dessen meine Kinder. Manche, die vor dem Ausbruch des Bürgerkriegs in Ruanda wohnten, wollen vor der neuen Regierung, gut dastehen und Privilegien erlangen. Andere wollen ihre kriminellen Vergehen verstecken. Die, die mit der neuen Regierung gekommen sind, wollen die Eigentümer der geflüchteten Menschen für sich behalten. Sie hoffen, dass die wirklichen Besitzer nicht mehr auftauchen werden. Wenn jemand zurückkommt, muss ein Grund gefunden werden, dass er im Gefängnis landet oder unbemerkt verschwindet. Am Leben bleiben ist ein außergewöhnliches Glück. Wenn man vor dem Volksmord im Land war, egal was passiert, kümmert keinen. Man ist in den Händen von andern geliefert. Das Leben der Menschen, die zuvor im Land gelebt haben, ist nicht mehr wertvoll. Es gibt keinen Schutz, die Menschen handeln, wie sie wollen. Es herrscht ein unbeschreibliches Chaos.

Die offene Wunde in unserer Familie

Marc ist heute, am 4.9.1995, nach Kigali gekommen. Er hat ein Tag frei bekommen. Er darf nach unserem Haus fragen. Es ist von anderen Leuten besetzt. Er sagt mir, dass er um sein Leben fürchtet. Er hat schon zahlreiche Verhöre erdulden müssen. Sie wollen von ihm alles wissen, was sich im Krieg ereignet hatte.

Er musste mehrere Male Morddrohungen, die gegen ihn gerichtet worden waren, ebenfalls erdulden. Um ein Haus zurückzubekommen, ein Tag frei ist nichts. Es dauert ewig und kostet viele Mühe, wenn überhaupt eine Möglichkeit gibt voranzukommen. In manchen Fällen muss man vor Gericht.

Heute, am 5.9.1995, verabschiedet er sich von uns erneuert und kehrt in das Internierungslager zurück. Am 6.9.1995 ist ein Fest zur Integration der ehemaligen ruandischen Armee. Die Zeremonie hat im Huye -Stadion, Präfektur Butare stattgefunden. Marc fühlt sich nicht voll. Alles fängt zu Beginn der Feierlichkeiten an. Er muss noch vor dem Ende der Feierlichkeiten in das Internierungslager Rubona zurückgebracht werden. Dort angekommen, fängt an sich zu übergeben und verliert die Stimme. Er verliert auch das Bewusstsein für etwa 15 Minuten und muss wiederbelebt werden. Obwohl er sich in einem sehr schlechten Zustand befindet, bringt man ihn nicht schnellstens zum Krankenhaus, sondern behält ihn in Internierungslager bis zum 13.9.1995. Erst an diesem Tag bringt man ihn ins

Krankenhaus. Niemand hat mich informiert. Ciana, heute, am 14.9.1995, erfahre ich durch ein Bekannter, dass er im Militärkrankenhaus Kanombe liegt. Ich bin direkt mit dem Bus dahingefahren. Endlich, nach langer Suche, habe ich ihn gefunden. Er kann nicht sprechen. Er befindet sich in einem kritischen Zustand. Er sieht mich an und erkennt mich. Er signalisiert mit einer Handbewegung, dass er schreiben möchte. Er habe ihn einen Stift in der Hand gelegt. Er hat erneuert versucht, den Stift festzuhalten, ohne Erfolg! Was ist mit ihm passiert! Er ist allein da. Ich kann keine Informationen bekommen. Er ist hierher transportiert worden. Diejenigen, die ihn ins Krankenhaus gebracht haben, sind wieder gefahren. Im Krankenhaus bitte ich darum, dass man alle möglichen Untersuchungen an ihm durchführt. Ich will rausfinden warum ihm schlecht geht. Niemand scheint sich dafür zu interessieren. Ciana, ab heute übernachte ich im Krankenhaus auf dem Boden.

Bei der Ärzte-Runde morgens im Krankenhaus.
– Ich habe bitte eine Frage.
– Ich möchte ihn mitnehmen, um bei Privatärzten selbst zu versuchen.
– Wir können es nicht erlauben! Es liegt nicht in unserer Macht, ihn gehen zu lassen.
– An wen kann ich mich wenden, um die Erlaubnis zu bekommen?
Der Arzt schmunzelt!
– An den Major, Hauptkommandant des Militärlagers.
– Wo finde ich ihn?
– Sehen Sie den Soldaten, der dort steht? Er ist sein Wachsoldat, er sagt ihm Bescheid, wenn Sie mit ihm sprechen wollen.
– Vielen Dank.
Ciana, stelle dir vor, ohne eine Minute, zu zögern oder besser zu überlegen, bin ich einfach dahingelaufen. Solche Orte, an denen man keinen Fuß setzen darf, kennen wir schon. Was mir jetzt wichtig ist, ist schnell zu handeln. Es geht um Leben oder Tod. Bevor er stirbt, will ich alles, was mir möglich ist, ver-

suchen. Der Soldat starrt mich an, während ich auf ihn zugehe. Er glaubt seinen Augen nicht. Ich laufe schnell ihn zu. „Stehen bleiben. Diese Bereiche sind unzugänglich", ruft er. Ich bin stehen geblieben.

– Was wollen Sie?

– Zum Major.

– Sie? Er schaut mich von Kopf bis Fuß an.

– Ja, ich habe eine Bitte an ihn.

Als er mich befragt, steht der Major und beobachtet uns durch dem öffnet Fenster. Er hat eine Andeutung gemacht, ich soll reinkommen. Scheinbar weiß er Bescheid. Er kenne mich nicht, aber er hat eventuell mit mir gerechnet.

Ciana, es ist wie im Traum! Es geht alles schnell wie bei den Vierhundertmeter-Rennen, die wir in unserer Jugend rannten. Es gibt Situationen im Leben, in denen man die Kontrolle über seinen eigenen Kopf verliert. Schlimmer ist wen man da allein steht ohne bei stand. In diesen Momenten funktioniere ich wie eine Maschine. Ich habe nicht dran gedacht, wie gefährlich für mich es sein könnte, mich dem Major zu liefern. Ich habe nur gedacht: „Das ist meine letzte Chance, es zu versuchen, wenn er tot ist, ist zu spät." Jede Sekunde zählt.

– Sie wollen zu mir? fragt er.

– Ja, vielen Dank, dass Sie mich empfangen. Ich habe eine Bitte an Sie.

– Ja, ich höre.

– Mein Mann liegt hier im Krankenhaus. Er ist in kritischem Zustand. Er ist hier gebracht worden vom Rubona- Militärlager. Bitte erlaube mir, ihn mitzunehmen. Ich möchte selbst beim Privatarzt ihn untersuchen lassen.

– Wie ist sein Name, sein militärischer Rang?

– Ihr Mann hat seiner Heimat mit seiner ganzen Kraft gedient. Er verdient unsere Anerkennung. Wir wollen uns selbst um ihn kümmern. In Militärkrankenhaus ist die beste Versorgung, überhaupt. Es gibt nichts Besseres im ganzen Land.

– Ich sehe die Verbesserung nicht, es geht ihm Tag für Tag schlechter.

– Er ist ein Kind der Nation, hier ist er gut aufgehoben. Machen Sie sich keine Sorgen. Wir tun unser Bestes, ihm zu helfen. Er muss hierbleiben.

Seine Stimme ist kalt, einschüchternde, drohende, bedeckt von einem versteckenden Lächeln in den Mundwinkeln begleitend von einem ekelerregenden Mitgefühl. Sie fügt mir mehr Schaden zu als Gutes.

– Er ist ein Kind der Nation, aber er ist ein Vater von zwei kleinen Kindern und einer Frau, die ihn sehr lieben und brauchen. Er stirbt vor meinen Augen!

Diesen Satz hat mich völlig an die Wand gehauen. Ich bin fast verrückt geworden. Ich sage mir im Stillen: „Sei stark, schreie nicht, zeige dieser Tyrann deinen Tränen nicht".

Plötzlich ist das Bewusstsein wieder da. Ich habe die Gefahr erkannt, in der ich mich befinde. „Steh auf, lauf, lauf, schnell weg, du bist in Gefahr. Sei vorsichtig", flüstert eine dringende Stimme in mir.

Er stirbt und sie lassen mich überwachen. Oh nein, meine Kinder!!! In Panik renne ich raus, zu dem Raum, in dem Marc liegt. Sein Cousin Paul ist gekommen, um zu sehen, wie es ihm geht. Er übernachtet im Krankenhaus, um auf ihn aufzupassen. Ich gehe nach Hause, nach den Kindern zusehen.

Eine Woche später haben sie ihn untersucht. Bis zu seinem Tod, drei Wochen danach, bin ich nicht über die Ergebnisse informiert worden. Man weigert sich, mir über die Befund Bescheid zu geben, und drohte mich deswegen mit Gefängnis.

Eine Krankenschwester hat ihm heute, am 1.10.1995, um 22:00 Uhr, eine Spritze in die Vene gegeben. Ich bin anwesend, weiß aber nicht, worum es sich dabei handelt. Er ist danach ins Koma gefallen, aus dem er nie wieder herauskommen wird. Er ist heute in der Nacht von 15.10.1995 gestorben.

Einen Tag später erklärt mir ein Arzt unter Entschuldigungen, dass die Krankenschwester, die Marc die Spritze gegeben hat, eine Praktikantin ist. Sie wusste nicht, dass das Medikament als Infusion verabreicht muss. Dieselbe schreckliche, unbeschreibliche bösartige Stimme wie die des Majors erinnert mich an vorsichtig. Ich habe ihn gefragt, um was für eine Art Medikament es sich handelte. Er weigert sich, es mir zu sagen, unter dem Vorwand, dass es ein medizinisches und militärisches Geheimnis sei.

Herzlich Dank an alle, die ihm im Leben ihre Zuneigung und
Freundschaft schenkten,
Die ihm Achtung und Wertschätzung entgegenbrachten,
Die ihm im Tode auf vielfältige Weise die Ehre erweisen und
uns ihre Anteilnahme und Verbundenheit erfahren lassen.
Danke, dass ihr da seid, jeder auf seine Art.
Danke, dass ihr uns beiseite steht.

Marc ist beerdigt worden. Ich bin erleichtert und dankbar. Bis zu seinem Tod habe ich weder jemand von der Militärbehörde noch von seinen Mitsoldaten gesehen. Danach auch nichts, niemand. Obwohl ich noch vier Jahre in Ruanda gelebt haben. Joy ist elf Monate alt, Lucien drei Jahre und sechs Monate. Diejenigen, die zur Beerdigung gekommen sind, riskieren ihr Leben und dessen ihrer Familienangehörigen. Weißt du, Ciana, in dieser Zeit muss man selbst das Grab errichten. Die Beerdigung im Freien erfordert viel Zeit, Kraft und mehrere Hände. Das Loch ist mindestens drei Meter tiefer, ein Meter breit und zwei Meter lang. Die Erde, die herausgeholt wurde, muss man wieder damit das Loch füllen, nachdem der Sarg hineingebracht wurde. Es muss starke Männer geben, die den Sarg empfangen und hineinreichen. Die wenigen Menschen, die da sind, haben das Geld zusammengetan und so konnten wir einen Sarg kaufen. Marianne hat für einen Krankenwagen gesorgt. Sie ist auch in Kigali und arbeitet beim Roten Kreuz. Es ist mir klar geworden, dass Was man im Leben gegeben oder für andere getan hat, zurückbekommt, auf die eine oder andere Weise. Ciana, Major Tharcisse, den du kennst, ist ebenfalls auch in Rubona Internierungslager. Er ist heute anwesend. Er erzählte mir, dass er über die Vorbereitungen zum Mord an Marc auf dem Laufenden war. Er musste schweigen, weil er selbst um sein Leben fürchtete. Er starb kurz danach.

Zwei Monate nach der Beerdigung, ein Berater der ruandischen Botschaft, der sich zurzeit in Kampala befindet, erzählt mir, was er davon wusste. Marc musste sterben, weil er über den Krieg, den Völkermord und insbesondere den Tod der Belgischen Blauhelme geschwiegen hat. Er hat für andere vieles Gutes getan. Während den Bürgerkriegen hat er viele Menschen beschützt. Dadurch sind wir drei verschont geblieben, bis wir fliehen könnten. Ciana, es gibt sehr wenige Menschen, die ich kenne. Von denen, die wir kannten, sind nur noch ein paar da. Ich kann sie an meinen Fingerspitzen zählen. Die meisten von denen wollen mit mir kein Kontakt haben. Sie wollen nicht, dass jemand mitbekommt, dass sie mit mir was zu tun haben oder mich kennen. Die Behörden behalten mich in visier und lassen mich überwachen. In letzter Zeit musste ich jedes Jahr das Wohnviertel wechseln. In vier Jahren sind wir fünf Mal umgezogen. Sie betrachten mich als gefährlich. Sie wissen, dass ich weiß, was im Land los ist. Sie behaupten, dass ich, was alles weiß, eines Tages sagen werde. Die Gerechtigkeit ist nicht von dieser Welt. Weißt du noch, Ciana, in welchen Gefahren wir uns unter dem abgesetzten Regime aufgrund von Marcs und Charles' moderaten Ideen befanden! Sie wurden als Agenten der Ruandas Patriotische Front betrachtet. Marc wäre damals beinahe zweimal getötet worden. Er ist von denen, die er für seine Befreier hielt, getötet worden. Wir haben gehofft, dass das neu Regime nach der Geschichte Ruandas, die über mindestens sechs Jahrzehnte mit dem Blut unzähliger unschuldiger Menschen bedeckt ist, sein beste tun wird, um Frieden, Sicherheit und Versöhnung wiederherzustellen, aber leider hat sich nichts geändert. Wie schade! Was kann ich dir sagen, liebe Ciana! Für manche, Geschichten, sind die Gefühle und Emotionen gehemmt. Man kann es kaum mit Worten erfassen. Man kann darüber weder lachen noch weinen. Sie übersteigen den Verstand.

Weißt du, Ciana, alle, die an der Beerdigung teilgenommen haben, haben bitterlich geweint. Ich war wie betäubt. Es kam kein Tropfen Tränen. Meine Augen gingen von Joy zu Lucien, von Lucien zum Grab, hin und her, eine Zeitlang. Ich habe mir gewünscht, es wäre ein Albtraum, von dem ich am Morgen aufwachen würde, und sage: „Es ist nicht Wirklichkeit, es ist vorbei, es war einen Traum." Leider es ist die traurige Realität! Ciana, in diesem Moment habe ich mir von Herzen gewünscht, dass du neben mir gestanden hättest. Ich habe die Welt nicht mehr verstanden. Ich habe keinen Mann mehr, kein zuhause, keine Arbeit, keine Familie, keine Freunde, alles ist weg!! Wohin mit zwei kleinen Kindern. Sein Tod hinterlässt eine tiefe offene Wunde in unserer Familie. Ist die Wunde von Dauer oder werden sich die Schmerzen lindern, wie die Spuren, die von Menschen im Sand hinterlassen verwischen? Ein beliebtes Sprichwort sagt: „Die Zeit heilt alle Wunden." Ist es wahr? Oft stand ich an der Straße wie ein Zombie. Für mich die Welt und das Leben sind im Stillstand. Ich denke bei mir: „Komisch! Diesen ganzen Menschen haben nicht mitbekommen, was mir passiert ist. Der Alltag läuft ganze normal, als ob nichts wäre."

Du wirst unsere Schmerzen niemals verstehen.
Du wirst nie unsere Tränen sehen.
Wir werden dich immer vermissen.
Wer wird dieses Loch füllen, das du in unserer Familie hinterlässt?

Gesetz des Dschungels: „Recht des Stärkeren. Die Stärkeren fressen die Schwachen."

Liebe Ciana, die Zeit vergeht und das Leben geht weiter, ob wir es wollen oder nicht. Es wird Nacht und es wird Morgen. Tag für Tag. Jetzt sind sechs und zwanzig Jahre vergangen. Was für ein Wunder! Wir drei leben noch. Hoffentlich ihr ... auch!

Das Geld, das wir auf unserem Konto hatten, ist nicht mehr der Rede wert. Die Mitglieder des alten Staatsapparats sind auf der Flucht, sie haben alles was sie mitnehmen könnten inklusiv Bankguthaben eingepackt.
　　Sie waren die einzigen, die Zugang dazu hatten und es mitnehmen durften. An Barrikaden wurden die Leute von Milizen

gründlich durchsucht. Alles, was sie wertvoll fanden, haben sie weggenommen.

Häuser sind schon besetzt. Du, es ist eine tiefe Stille, ein trauriger Augenblick, unser neu gebautes, vollständig möbliertes Haus zu sehen. Wir hatten nur sechs Monate drin gewohnt. Die Toiletten, die Waschbecken, Badewanne, Innentüren, das Telefon und alles, was drin war, ist weg. Alle Dokumente und Bücher sind zerrissen worden und liegen überall, andere sind verbrannt worden. Es ist wie ein Monsterhaus. Die Person, die drin wohnt, ist enttäuscht, dass wir noch am Leben sind. Sie hat nach langer Zeit das Haus verlassen und es verbrannt. Es ist nicht mehr bewohnbar. Den Kampf um Häuser fängt jetzt an. Die Häuserkomplexe, die wir zu vermieten hatten, sind ebenfalls besetzt. Gestern stand ich vor Gericht. Drei Häuserkomplexe, die im Viertel Cyahafi befindet, ist von einem Unterleutnant besetzt. Ich habe ihn angeklagt. Er kommt aus Uganda. Bei der Bitte, mir das Haus zurückgeben, hat er mich beinahe am helllichten Tag, um 10:00 Uhr morgens, in der Gemeinde Nyarugenge umgebracht. Er lud sein Gewehr und sagt in Anwesenheit des Bürgermeisters und dessen Mitarbeiter, dass er mich zuerst töten und die Häuser zurückgeben würde. Der Bürgermeister und die anderen bekommen Angst. Der Bürgermeister bat andere Militärs um Hilfe und schaffe es dadurch, den Unterleutnant davon abzuhalten, auf mich zu schießen. Er wohnt in einer, die zwei andere vermietet er. Ein andere zwei Häuserkomplexe, die im Viertel Biryogo steht, ist ebenfalls von jemand besetzt. Er kommt aus dem Kongo. Er sagt: „in den sechziger Jahren war das Haus Eigentum meines Ur-Opas". Das Gericht hat ihn das Haus Hauskomplexe gegeben, obwohl wir die zehnten Besitzer waren." Ein anderes Haus ist von jemandem genommen worden, aber er wohnte nicht drin. Er hat es vermietet. Ich habe schnell festgestellt, dass es um Leben oder Tod geht. Es ist alles sehr schwierig und ober gefährlich. Ich habe mich entschieden, die Finger davon zu lassen. Ich habe neun Jahre im Sekretariat ein Ministerium, von Januar 1984 bis 1994 gearbeitet. Während der

Feindseligkeit war der Minister der Älteste in der Regierung. Er gehörte der Partei National Revolutionäre Bewegung für Entwicklung, M.R.N.D. an, die damals an der Regierung war. Weil er unter den höheren Personen war und alle Dokumente und Briefwechsel erhielt, die sich auf die Vorbereitung des Genozids bezogen, wusste er über alle Treffen und Hetzreden Bescheid. Sie denken, dass ich weiß, wo alle diese Dokumente und Briefe versteckt sind. Meine beiden Schwestern, die im Exil leben, sind bei der Rückführung der ruandischen Flüchtlinge 1996 nicht zurückgekehrt. Deswegen wirft man ihnen vor, sie hätten sich etwas zuschulden kommen lassen oder sie würden mit den Rebellen kollaborieren, was sehr gefährlich ist. Es gab mehrere Gründe, um zu fliehen.

Ciana, ich habe nach eurem Haus geguckt. Es ist in gutem Zustand. Drin wohnt jemand aus Tansania. Euer Geschäft ist von jemand aus Burundi besetzt. Das Bekleidungsgeschäft ist ein Lebensmittelgeschäft geworden.

Die Ministeriumsgebäude sind komplett verwüstet! Die Mitglieder des alten Staatsapparats sind mit allen Akten geflohen.

Unsere weiterführende Schule ist nicht mehr. Kibuye ist ebenso komplett zerstört. Ich habe keine Chance auf irgendeinen Schulabschluss oder eine Arbeitsbescheinigung! Marc ist nicht mehr da. Ich muss kämpfen, um zu überleben mit Lucien und Joy. Also habe ich angefangen, eine Möglichkeit zu suchen, um weg zu fliehen. Ich habe mir versprochen, meinen beiden Kindern immer bei mir zu haben, egal welche Möglichkeit sich ergeben wird. Entweder überleben wir zusammen oder sterben wir zusammen. Ständig überlege ich mir, wie wir Ruanda verlassen können ohne Gefahr. Ich habe keinen Verwandten, keinen Freunden, keinen Bekannten, der irgendwo im Ausland leben. Ich habe kein Geld, um irgendwas zu unternehmen. Ich bin nicht allein, die kleinen Kinder brauchen nicht nur Essen, sie brauchen auch Klamotten, Schlafplätze und vor allem Schutz. Ich zerbreche mir ständig den Kopf, um jemand zu finden, der mir helfen könnte. Wo kann ich Unterstützung finden? In der Nacht hatte ich plötzlich eine Idee. Jemand kann mir vielleicht helfen, der Apostolische Nuntius. Allein diesen Gedanken zu haben ist für mich wie eine Verrücktheit. „Du kleine Frau, er kennt dich nicht. Überhaupt deine Füße in dieses Viertel zu setzen ist ein Abenteuer." Die Tore erreichen den Himmel! Dieser Gedanke verlässt mich nicht. Ich habe keinem davon erzählt, auch nicht darüber gesprochen. Ich vertraue keinem mehr. Man kann nicht wissen, wer Freund oder Verräter ist. Ich habe mich entschieden, dahin zu gehen und es zu versuchen.

Das Himmels Manna

Ich muss zu Fuß dahin. Es gibt wenige Taxis, die paar, die jetzt gibt, sind unbezahlbar. Ich wohne im Kanombe -Viertel. Von da aus laufe ich ungefähr zwei Stunden. Das Gebäude ist noch im Quartier Kiyovu. Kiyovu ist das Viertel für die Reichen. Ciana, du kennst dieses Viertel bestimmt noch, es ist wie früher. Kein Mensch läuft auf der Straße. Selten fährt ein Auto. Wenn ein Auto fährt, dann mit gedämpftem Tempo. Hier und da hört man Vögelchen zwitschern. Die Häuser sind kaum sichtbar. Sie sind von großen Ästen verdeckt. Es ist wie in einem Märchen. Da herrscht eine beängstigende Stille. Ich laufe in dem Viertel. Von Zeit zu Zeit erschrecke ich mich von irgendetwas. Mein Herz klopft bis zum Hals. Ich atme kurz und schnell. Es ist schwer, Luft zu holen. Meine Schritte klingen wie Trommeln in meinen Ohren. Ich habe mir schon die ganze Zeit Gedanken gemacht, wie ich vorgehen soll. Ich bin da. Die Himmlischen Tore sind geschlossen. Sie sind mindestens ein Meter höher als ich. Da vor, bin ich wie David vor Goliath. Direkt daneben ist ein kleines Fenster. Drin sitzt ein Wächter, ein gleichgültiger Mann. Ich nähere mich dem kleinen Fenster. Er beachtet mich nicht. Wahrscheinlich denkt er, noch eine Verrückte, sie sind zu viele geworden!

Apostolische Nuntius: Papst Vertreter als Kirchenoberhaupt gegenüber der Ortskirche des entsprechenden Landes

- Guten Tag, Herr.
- Was wollen Sie?
- Ich möchte zum Apostolischen Nuntius.
- Sie?
- Ja, ich. Ich habe was mit ihm zu besprechen.
- Kennt er Sie?
- Nein.
- Sind Sie verrückt geworden?
- Sehe ich so aus? Nein, ich habe meinen ganzen Verstand, erwiderte ich.
- Was wollen Sie denn mit ihm besprechen?
- Ich kann ihnen leider nicht sagen, es ist streng vertraulich.

Er senkt sein Kopf eine Weile.

- Es geht nicht.

Ich habe mitgerechnet, es wäre ein Wunder, wenn es anders laufen würde. Also hatte ich schon überlegt, wie ich in so einer Situation reagieren würde, um am Ball zu bleiben. Ich weiß als Sekretärin nur zu gut, dass man für jemand den Weg zum Chef freimachen oder versperren kann.

- Geben Sie mir bitte eine Chance. Ich schreibe den Besuchszettel.

Seine Antwort ist seine Entscheidung. Wenn er mich nicht empfangen möchte, dann gehe ich. Er überlegt kurz und gibt mir den Besuchszettel.

Auf den Zettel habe ich folgendes geschrieben: „Ich möchte mit ihnen persönlich sprechen, es ist vertraulich." Ich habe „Persönlich" geschrieben, um zu vermeiden, dass er mich zu irgendjemand von seinen Arbeitern schickt. Ich stehe da und warte eine Weile. Ich achte auf jedes kleine Geräusch. Endlich ist er wieder da. Er überreicht mir den Zettel.

Zitternd empfangen, ich den. Ich glaube meinen Augen nicht. Er hat mir für nächste Woche einen Termin gegeben!! „Herzlichen Dank, Herr", sage ich zu dem Wachmann, „Sie haben mir viel geholfen. Ich darf nächste Woche wieder kommen". Ich habe den ersten Schritt geschafft. Jetzt geht es los mit den Planungen für die Termine. Ich bin überglücklich, dass ich es mir zugetraut habe, auch wenn es aufregend war. Ich will nach Kinshasa fliegen, da wohnt meinen Onkel, Jacques. Ich habe zwar nicht mit ihm gesprochen, wie auch? Aber seine Adresse habe ich. Das ist die einzige Möglichkeit, die ich im Moment habe, anderswo unterzukommen. Von da aus würde ich nach der nächsten Möglichkeit suchen. Auf dem Weg nach Hause bin ich in ein Reisebüro rein gegangen, um mich über die Flugtickets für uns drei und die Flugpläne zu informieren. Ich habe mir alle Unterlagen besorgt. Eine Woche später bin ich wieder unterwegs zum Apostolischen Nuntius. Er hat mich empfangen. Er ist groß und ruhig. Er hat ein kleines Büro. Er ist allein. Die Decke ist im Vergleich zu diesem imposanten Gebäude niedrig. Ich sitze ihm gegenüber.

– Sie wollen mit mir persönlich sprechen?

– Ja, Exzellenz. Vielen Dank, dass Sie mir die Termine gegeben haben, um meine Bitte zu hören.

– Wer sind Sie? Bitte, erzählen Sie. Ich höre Ihnen zu.

Er hat aufmerksam meine Geschichte bis zu Ende gehört.

– Was wollen Sie von mir?

– Ich habe eine Möglichkeit, mit meinen beiden Kindern nach Kinshasa zu fliehen, aber ich kann die Flugtickets nicht bezahlen.

Er guckt mir genau in den Augen und stellt mir nur drei Fragen:

– Wissen Sie, wo ihr Onkel wohnt?

– Ja, ich habe die Adresse hier. Bitte gucken Sie mal.

– Wissen Sie, wie viel die Flugtickets kosten?

– Ich habe mich in einem Reisebüro nach den Kosten erkundigt. Ich habe die Berechnung bei mir.

– Wann wollen Sie fliegen?

– Sobald ich das Geld habe, fliegen wir weg. Mit der Berechnung vom Reisebüro habe ich auch die Daten der nächsten Flugmöglichkeiten.

Während ich sprach, schaut er mir fest in den Augen. Er beobachtet mich genau.

Er ist aufgestanden und bittet mich, ihm zu folgen.

Er ist geradeaus gegangen, erste Tür, zweite Tür. Wir sind draußen, er schließt die Tür hinter uns. „Bitte bleiben Sie dastehen", sagt er.

Auf der linken Seite, mir gegenüber ist eine kleine, schmale Tür. Er eröffnet sie und geht rein. Nach circa drei Minuten kommt er zurück und stellt sich inmitten der kleinen Tür. Er hat das Geld in der Hand.

– Er sagt, dass ist die Summe, die auf dem Zettel vom Reisebüro steht.

Danke sagen ist schwierig, das Wort kommt nicht raus! Nach einer Minute kann ich endlich sagen:

– „Danke von Herzen. Ich weiß nicht, wie ich Ihnen danken soll".

„Mir fehlen die Worte. Sie retten drei Menschen, die Sie nicht kennen. Das machen ein Handvoll Leute auf dieser Welt. Möge Gott Ihren Apostolat reichlich segnen und Ihnen beschützen".

– „Gehen Sie in Frieden, meine Tochter, möge Gott Sie und Ihre Kinder behüten", sagt er. – „Danke sehr", flüstere ich wiederholt.

Die Banknoten sind in Dollar. Sie sind so neu, dass ich das Gefühl habe, lange Rasierklingen in der Hand zu haben. Obwohl mehrere sind, bei ihrer Feinheit könnte man meinen, es sei nur ein Schein. Ich wage es nicht, sie zu zählen. Er hat sie in meinen Händen gelegt, ohne ein Wort zu sagen. Ich denke bei mir, jeder kann sehen, dass ich dieses Geld habe. Jemand könnte es mir stehlen. Ich habe es in meinem BH versteckt.

Ciana, wenn ich an diesen Moment denke, kriege ich heute noch Gänsehaut!

Ich gehe schnell raus. Der Wächter hat bereits die Himmelstore geöffnet. „Vielen Dank noch mal, dass Sie auf meine Bitte letzte Woche gegangen sind. Alles Gute Ihnen." Mit diesen Worten verabschiede ich mich von ihm.

Für mich ist es wie in einem Traum. Ich laufe, so schnell ich kann. Ich bin wieder aufgeregt. Ich kann mit keinem darüber reden. Ich habe keinen. Wie oft hatte ich den Wunsch, dich neben mir zu haben!

Saint Michel, die Kirche der Präsidenten, steht vor mir. Ich flutsche rein. Es ist spät am Vormittag. Sie ist fast leer. Ich bleib dort gepflanzt wie ein Baum. Ich schaue auf den Altar, ich weiß nicht, was ich sagen soll. Nach einer Weile gehe ich wieder raus.

Ich laufe nach Hause, so schnell wie ich kann. Als ich ankam, ist niemand da. Meine Schwester und Kinder sind rausgegangen. Jetzt hole ich das Geld aus meinem BH raus und zähle es. Neunhundert Dollar, ein Vermögen. Genau die Summe, die wir für den Flug brauchen. Ich gehe einfach zum Reisebüro und hole die Tickets für uns drei, sage ich mir. Ein Wunder ist in meinem Leben geschehen. Ich muss schweigen! Bloß kein Wort davon. Weißt du Ciana, jetzt kann ich verstehen, was „Güte" wirklich bedeutet. Ein kleines Wort aber bedeutungsvoll. Wie erfassen die volle Bedeutung von Wörtern und Sätzen, in bestimmten Situationen.

Zufällig Jacques, mein Onkel, der in Kinshasa wohnt, hat von Marcs Tod gehört. Da ich kein Telefon habe, ruft er bei einer Verwandten an, um zu fragen, ob es die Wahrheit sei. Aktuell werden viele Lügen verbreitet, besonders über Tote.

Nachdem ich mit ihm gesprochen habe, frage ich ihn, ob wir zu ihm kommen dürfen. Wir haben alles bereit. Von Kinshasa aus werden wir nach einer Möglichkeit suchen, ins Ausland zu gehen. Er hat schnell verstanden, was ich meine. Ich kann nicht darüber reden. Daraufhin sagt er: „Bleibt lieber, wo ihr seid. Hier ist es noch schlimmer, der Krieg fängt hier an. Wir sind auch nicht mehr zu Hause. Wir suchen einen Zufluchtsort. Sei bitte vorsichtig mit den Kindern. Vielleicht, wenn Gott will, hören wir voneinander." „Passt auf euch auf", flüsterte ich enttäuscht. Ich bleibe ein paar Minuten da stehen mit dem Telefon in der Hand. Oh, nein! Ich habe das Geld bekommen und jetzt können wir doch nicht weg.

Der Krieg tobt im Zaïre, aktuell Republik Kongo. Wir müssen erst in Ruanda bleiben und nach einer neuen Möglichkeit suchen. Von diesem Geschenk des Himmels werden wir uns eine Zeitlang ernähren. Wir wohnen zu sechst. Monique, meine Schwester und ihre Tochter, Evelyn, mein Bruder Jean, Joy, Lucien und ich. Ich habe keine Arbeit. Ich muss die Wohnung bezahlen, etwas zu essen kaufen, zum Arzt gehen, Medikamente kaufen und alles, was sechs Leute brauchen. Das Geld ist ein Geschenk des Himmels.

Das Geld ist nicht alles, aber auch nicht unwichtig

Ich habe eine Arbeit gefunden. Ich leite ein Atelier für genähte Puppen. Es gehört einem Frauenverein. Das Projekt ist nach dem Völkermord entstanden. Dadurch werden die Frauen und Mädchen, Opfer des Völkermords, finanziell unterstützt. Hier arbeiten regelmäßig zehn Frauen. Mal mehr, mal weniger. Sie lernen Puppen aus Stoffen nähen. Monatlich bekommen sie einen Lohn entsprechend dem, was sie produziert haben.

Wir nähen Menschenpuppen, Tierpuppen, Handtaschen, Kulturbeutel, Kuli Mäppchen etc. Diese Produkte werden oft im Ausland verkauft. Seit zwei Jahren arbeite ich in diesem Atelier. Das Gehalt reicht nicht aus. Da ich noch nach einer Möglichkeit zu fliehen suche, habe ich mich entschieden, mit einem kleinen Lebensmittelgeschäft auszuprobieren. Es ist auch der beste Weg, die Überwachung umzugehen. So ist reisen zum Handeln ein Akzeptable Alibi. Ich reise oft nach Uganda. Ich fahre mit dem Bus. Die Fahrt dauert neuen Stunden. Ich will nirgendwo übernachten. Ciana, stelle dir vor, ich bin jetzt Geschäftsfrau, du warst kompetente was Geschäft betrifft. Ich starte durch die Umstände, in der Beruf, mal sehen, wie es sich entwickelt.

Ich habe, diesen kleinen, Lebensmittelgeschäft, „Hoza-Neza" genannt. Außer Lebensmittel, verkaufe ich auch Kleinigkeiten, die man im Haushalt braucht, dazu Getränke und Süßigkeiten. Es ist in Nyabugogo, gegenüber dem Markt. Weil es mir als Cover dient, muss ich es offiziell Anmelden. Ein Handelsregister ist dann erforderlich. Das heißt, ich muss ein Bankkonto eröffnen. Auf dem Konto muss ich mindestens fünftausend ruandische Francs haben. Nach dem Geschenk des Himmels sind schon drei Jahre vergangen. Ich habe kein Geld mehr, also ich kann kein Bankkonto eröffnen. Auch wenn ich Geld hätte, nachdem unser ganzes Geld in Taschen von anderen Menschen gelandet ist, habe ich mich versprochen, nie mehr Geld auf ein Bankkonto zu tun. Ich muss alle Dokumente für das Finanzamt bezahlen, einen Notar, auch drei Monatsmieten Kaution zahlen. Dazu kommen auch ein Kühlschrank und Möbel.

Ciana, glücklicherweise, habe ich Paulina getroffen, sie ist auch in Kigali. Ich habe ihr die Geschichte mit dem Bankkonto erzählt. Sie hat mit ihrer Freundin, die in der Bank arbeitet, gesprochen. Sie hat alles arrangiert. Ich habe jetzt ein Konto. Ich mache Großhandelseinkäufe, Buchführung und alles was dazu gehört. Es läuft.

Ich arbeite jeden Tag. Die Öffnungszeiten sind unterschiedlich. Ich bin mehr mit der Flucht beschäftigt als mit dem Geschäft. Es ist mehr ein Schirm als Einkommensquelle. Oft fahre ich nach Kampala, die Güter für das Geschäft kaufen. Ich war weg. Eine schlechte Überraschung wartet auf mich. Das Geschäft ist halb leer. Weil ich oft weg bin, habe ich einem Mädchen angestellt. Sie ist mit dem Geld und der Hälfte der Waren zum Verkauf verschwunden. Lieber schweigen. Keiner soll erfahren, was passiert ist, sonst würde die Situation zu viel Aufmerksamkeit auf mich lenken. Die Geschäftsangelegenheiten wurden verschärft. Von dem Mädchen habe ich weder gesehen noch gehört.

Ciana, ich habe noch verstanden, dass es im Leben Momente gibt, wo nur eins wichtig ist, nämlich „Überleben". Das Geld ist weg! Ich denke bei mir: „Bloß nicht aufgeben, harre aus". In Kampala gibt es viele Schleuserbanden.

Heute habe ich in die Hände von jemand tausend Dollar gelegt, um für uns drei Pässe und Visum zu besorgen. Alles ist geheim. Es gibt keine Informationen zur Identität der Person, keine Ortsangabe, keinen Vertrag, nichts. Alles ist anonym. Das Geld ist schon weg, was bleibt mir übrig, als zu warten und auf das Glück zu zählen? Wie lange warten? Der Mensch gibt eine vage Antwort. Wir haben neue Namen, Geburtsort, Geburtsdatum bekommen. Kurz danach habe ich das alles vergessen. Sie machen viel Geld mit verzweifelten Menschen. Der, den du heute trifft, ist nicht der, der morgen vor dir steht. Ich zittere bei der Idee, die Illegale Leute zu treffen, aber es gibt keinen anderen Weg von Ruanda wegzugehen.

Weißt du, es ist schrecklich, keinen Freund mehr zu haben, keine Familie. Die zweite Meinung fehlt mir sehr. In der jetzi-

gen Situation vertraue ich wenig meinen Kopf. Er ist überlastet. Hast du auch so empfunden? Ich bin wieder in Kampala. Eine Woche ist vergangen. Ich habe einen neuen Menschen getroffen.
– Haben Sie Geld mitgebracht? Fragt er.
– Ich habe doch tausende Dollar letzte Woche bezahlt, antworte ich.
– Wir müssen noch zusätzlich einen anderen Weg versuchen.
– Wo ist die Person, der ich letzte Woche das Geld gegeben habe?
– Er ist im Krankenhaus.
– Wo? Ich weiß selbst nichts.
Das Geld ist weg, meine ganzen Ersparnisse! Ich bin wie gelähmt. Ich kann nicht mehr denken. Josefa, eine bekannte, die sich momentan in Uganda aufhält, hat diese Aktion für mich arrangiert. Sie steht neben mir. Ich stehe da wie ein Auto! Langsam komme ich wieder zu mir. Die Person ist bereits weg. Von Josefa, kein Wort. „Nie wieder!", schwöre ich mir. Das passiert mir Heute, das zweites Mal wird nicht mehr geben.

Betrüger sprießen wie Pilze auf Feldern, in Ländern, die von Unglück heimgesucht werden. Mercedes ist eine Frau, die in Kanada lebt. Angeblich arbeitet sie bei einer Menschenrechenrechtsorganisation. Sie hat Marie und mich angelogen. Marie hat in ihrem Geschäft gearbeitet. Ciana, Maries Ehemann hast du auch gekannt. Er ist im Gefängnis gestorben. Er war auch einen Gendarmen-Soldat. Diese Übeltäterin zeigt vorgetäuschtes Mitgefühl gegenüber Frauen in Not. „Ich kann euch helfen", sagt sie. Sie erzählt mehrere Rettungsgeschichten. Sie ist mir fremd, aber etwas sagt mir, dass hinter ihren Worten und unendliche Geschichten eine krankhafte Unehrlichkeit verbirgt. Durch Marie habe ich sie kennengelernt. Marie glaubt alles, was sie sagt. Warum sollte sie lügen? Sie fragt nicht nach Geld. Damit wir Hilfe erhalten, muss sie beweisen, dass wir individuell in Gefahr sind. Sie weiß schon, dass Marie ein Video von der Beerdigung ihres Mannes hat. Marie hat ihr erzählt, dass ich auch eins habe. Sie sagt, die Videos sind kräftige Beweise. Damit ist Erfolg garantiert. Wir haben die Frau die Videos gegeben. Ich habe Bedenken. Sie ist zurück nach Kanada geflogen. Von ihr habe ich nichts mehr gehört. Marie ist mit ihr in permanentem Kontakt. Sie lügt sie ständig an. Wir haben erfahren, dass Videos eine effektive Form moderner Betrügereien geworden sind. Solche Leute benutzen sie, um ihre eigenen Vorteile, z. B. durch Anfragen um Hilfe für Finanzprojekte für die betreffenden Personen. Die Videos können als Beweismittel für mehr als eine Person verwenden werden, da Menschenrechtsorganisationen die Menschen in Schwierigkeiten nicht im Detail identifizieren können. Daraus ist nichts geworden. So verschwanden die Videos. Ich habe gerade einen, handfesten Beweise, für meinen Asylantrag verloren: „das Beerdigungsvideo meines Mannes". Es war von einer Person genommen worden, der er sein Leben gerettet hatte. „Weitersuchen, nicht aufgeben, sage ich mir wiederholt". Weiter Geduld üben. Ausdauer zahlt sich aus. Nach vier Jahren bietet sich uns eine unerwartete Möglichkeit an. Wir drei dürfen endlich auf dem normalen Weg nach Europa fliegen. Zuerst in Deutschland. Danach nach Schweiz fahren. Das ist der Plan.

KAPITEL DREI

Das Leben ist süß und sauer

Hand in der Hand in der unbekannten Welt

Heute, den 27.3.1999, am frühen Morgen, fahren wir nach Kampala. Marie Louise und ihre Kinder wohnen schon da. Sie sind als Gruppe gefahren. Sie wohnen zusammen.

Von dort aus warten sie auf ihr Visum nach Amerika. Wir werden bei ihnen übernachten. Morgen früh, sind wir so weit. Wir sind wieder früh aufgestanden. Wir fahren mit dem Taxi zum Kampala-Flughafen. Clarissa begleitete uns. Heute hat Marie Louise einen wichtigen Termin für ihr Visum. Wir sind mit allen Formalitäten fertig. Ich muss zusätzliche Gebühren zahlen. Ich habe damit nicht gerechnet. Sie sagen klar, dass für uns fliegen unmöglich wäre, ohne den Betrag gezahlt zu haben. Ich habe aber kein Geld mehr. Clarissa hat auch kein Geld bei sich. Ich bitte sie, nach Hause zurückzukehren, um Marie Louise zu fragen, ob sie helfen könnte. Ich löse die Goldkette, die ich an meinem Hals trage. Bitte gebe sie ihr als Gegenleistung für die Summe, die du mir bringen würde, sage ich. Der Geldbetrag, der mir gerade fehlt, ist sehr gering. Die Kette ist von großem Wert. Sie fährt netterweise eilig nach Hause. Marie Louise ist zum Glück noch zu Hause. Sie gibt ihr das Geld. Diese Zeit scheint mir eine Ewigkeit. Ich denke bei mir: „Das war's!" Die Flugzeugflügel drehen sie sich schon. Plötzlich stürmt Clarissa in die Abflughalle. Sie hat das Geld in der Hand. Wir können uns kaum von ihr verabschieden und ihr danken. Ein Jahr später habe ich von Marie Louise erfahren, dass Clarissa ihr die Kette nicht gegeben hat. Sie hat die Kette für sich behalten, obwohl das Geld von Marie Louise kam. In der Zeit der Bedrängnis zeigt sich, was für ein Mensch jemand ist. Ein netter Flughafenarbeiter hat meinen Rucksack genommen und ich die Hände von Lucien und Joy. Er schrie laut: „Schnell, schnell, es fliegt weg ohne euch!" Wir rennen, so schnell wie wir können. Ich habe noch eine Sekunde Zeit, um mich bei diesem lieben Menschen, der uns geholfen hatte, herzlich zu bedanken. Wir haben kaum unsere Füße im Flugzeug, zur gleichen Zeit fliegt er weg. Wir haben uns gerade hingesetzt und plötzlich höre ich den Lautsprecher: „Das Flugzeug macht Zwischenstopp am Internationalen Flughafen Kanombe in Kigali, Ruanda. Das Wetter ist schlecht, der Flug geht später weiter." Genau das wollte ich vermeiden, deswegen sind wir von Kampala aus geflogen. Ich zittere von den Füßen bis zum Kopf. Mir ist kalt. Ein Erdbeben geht in mir los. Ciana, ich weiß nicht, was ich tun soll, ich kann nicht mehr denken. Ich habe unbeschreibliche Angst. Die Polizisten steigen gewöhnlich ins Flugzeug ein, um die Flüchtlinge herauszuholen. Ich habe jetzt zwei kleine Kinder mit. Ich habe wenig Chancen, drin zu bleiben. Die Zeit ist wie eine Mauer, die vor mir steht und sich kaum bewegt. Ich versuche, mich mit den Kindern zu beschäftigen, um mich abzulenken. „Der Flug geht weiter", höre ich plötzlich. Ich kann weiter atmen. Ich habe unbewusst so lange den Atem angehalten. Ich bin so erleichtert, dass ich einen Lachanfall kriege. Die Kinder gucken mich an mit einem Fragezeichen im Gesicht. Wir haben es geschafft.

Ciana, plötzlich entsteht tief in mir eine nostalgische Melodie. Ich erinnere mich an frühere Zeiten, an unsere Kindheit. Die Naivität der Kindheit, das Erwachsensein, die Ehen, die Leiden der letzten Jahre, unsere Trennung, unsere Familienangehörigen und Freunde.

Ruanda, adieu.

Wir müssen gehen.
Wir sind gern geblieben.

Das Leben ist gehen und kommen, wer kann es ändern?
Du, der mich geboren und aufwachsen gesehen hast.
Mit dir habe ich die besten Jahre meiner Kindheit verbracht.
Du, der mich unterwiesen und erzogen hast.
Du, das Binnenland der tausend Hügel, die Perle im Herzen Afrikas.
Über deinen Hügeln habe ich gespielt.
In deinen Ebenen habe ich gesungen und getanzt.
In deinen Wäldern habe ich nach Holz gesucht, um ein Feuer zu machen.
Ich habe deine heiße Jahreszeit geliebt, diese vertrauten Lachanfälle um das knisternde, funkelnde Feuer.
Die kleinen freudigen Versammlungen draußen im Mondlicht existieren nirgendwo anders.
Sie sind einzigartig.
Adieu Kivu See, du treuer Begleiter meiner Kindheit. Ich werde von deinem Wasser weder trinken noch darin baden.
Ich werde deine kleinen Fischer, mit ihren kleinen Kanus in der Ferne morgens, unter blauem Himmel und abends bei Sonnenuntergang nicht mehr sehen.
Von deinen saftigen kleinen Fischen werde ich mich nicht mehr ernähren.
Ich werde die große Schlange und die Frösche, die in deinen Brüsten blühen, vermissen. Sie teilten treu mit mir mein Zuhause.
Der schöne Monat Mai, in dem die Blumen aller Farben die Berge bedecken, macht dich zu einer herrlichen Pracht.
Hinter mir lasse ich das Grab des Vaters meiner Kinder.
Hinter mir lasse ich das Grab meiner Mutter, die ich nicht wirklich gekannt habe.
Hinter mir, auf der anderen Seite des Flusses, verlasse ich das Grab meines Vaters, den ich nicht begraben konnte.
Hinter mir lasse ich die Gräber meiner Großeltern, die meine Geschwister und mich mit Liebe erzogen haben. Denen verdanke ich, was ich heute bin.
Hinter mir lasse ich meine Schwester und meinen Bruder, die die gleiche Brust wie ich saugten.

Trauere, mein geliebtes Land, du sahst wie tausende deiner Kinder mit Macheten ermordet wurde.

Du wirst immer eine lebendige, liebe Erinnerung in meinem Herzen bleiben.

Würden Lucien und Joy eines Tages deine tausenden Hügel sehen, mit mir oder ohne mich?

Der Flug ist unruhig. Es gibt viele Turbulenzen aufgrund des schlechten Wetters. Du weißt, ich war mal im Flugzeug. Für mich ist es ein gelebtes Erlebnis. Für die Kinder ist es das erste Mal, es ist aufregend für sie. Sie klammern sich fest an mich.

Der Flug dauert zwölf Stunden und zwanzig Minuten. Überraschend wieder Lautsprecher: „Das Flugzeug landet am Milano-Flughafen in Italien. Es kann nicht mehr fliegen. Alle Passagiere übernachten da, im Hotel. Wir kümmern uns darum. Morgen geht die Reise weiter." Es ist später Nachmittag. Schon wieder. Wir sind ausgestiegen. Zuerst Gepäck holen. Glücklicherweise habe ich nur eine Reisetasche. Wir haben uns in einen großen Speisesaal gesessen und haben was zu essen bekommen. Ein Arbeiter hat uns, unser Schlafzimmer gezeigt. Wir sitzen da mit anderen Passagieren und reden über die Reise. Unvermittelt: „Schnell, schnell, wir fliegen weiter", ruft laut aus ein Flughafenarbeiter.

In Eile werfe ich wieder die Reisetasche auf meinen Rücken, Joy und Lucien an der Hand. Die Reise geht weiter. „Das Flugzeug ist am Flughafen Frankfurt in Deutschland gelandet". Es ist Nacht. Es hat tatsächlich funktioniert, wir sind da.

Wir drei stehen da und staunen. So groß, kein Vergleich mit Kanombe-Flughafen. So viele Ampeln, Menschen, Flugzeuge, unterschiedliche Maschinen. Das Laufband ist ein Wunder der Hersteller. Hatten wir noch nie gesehen. Ich habe mir fast die Zähne gebrochen. Ich wollte Joy und Lucien schützen. Beim Schreiben, die Erinnerung an diesen Moment fesselt mich ein wahnsinniges Lachen. Man hört von überall Lautsprecher. Es ist beeindruckend.

Der Bekannte, der uns eingeladen hat, steht da, wartet auf uns. So eine Sprache habe ich noch nie gehört. Würde jemand diese Sprache jemals verstehen und sprechen? Unser Ziel ist Schweiz. Ciana, in europäischen Ländern müssen die Asylsuchenden in ihrem ersten Ankunftsland bleiben. Schlechte Überraschung. Wir müssen in Deutschland bleiben. Ich bin überfordert. Deutschland. Deutsch lernen, alles auf Deutsch. Zwei kleine Kinder auf dem Arm. Ohne die deutsche Sprache kann ich weder die Schule besuchen, noch arbeiten gehen. Wie soll es gehen? Trotz vieler Fragezeichen bin ich glücklich. Ich schaue auf meine Kinder, wir sind alle drei zusammen. Wir haben endlich es geschafft, zusammen von Ruanda weiter weg zu fliehen. Ich bin bereit für den Kampf. Ich nehme alles in Kauf, um den zu gewinnen. Die Sprache lernen, auf meine Kinder aufpassen. Die Integration ist mein Hauptziel. Ich möchte, dass wir uns wohl fühlen.

Ciana, ich muss jetzt Schulenglisch verwenden. Ich hoffe, es wird mir dienen. Französisch wird hier nicht gesprochen. Unsere Besuchszeit ist zu Ende. Es geht jetzt los. Wir müssen uns als Asylsuchende melden.

Ciana, ich frage mich, wie du in dieser Asylverfahrenssituation handeln würdest.

Du warst so eine intelligente Frau. Du könntest deine Freunde und andere Menschen so gut beraten. In schwierigen Situationen könntest du einen kalten Kopf bewahren und denken. Jetzt brauche ich deinen Rat, aber du bist nicht mehr da!

TEIL 2

Ein Volk mit einer seltsamen Sprache

KAPITEL EINS

Die Zitrone und die Sicherheit

Wir fahren zu einer Asylsuchenden-Station, um uns anzumelden.

Dortmund
Kaiserstraße 129–131
44122 Dortmund

Hier sind Büros. Viele Menschen aus unterschiedlichen Ländern sitzen hier. Wir sind nicht die einzigen, das beruhigt mich. Sie versuchen, sich auf Englisch zu unterhalten. Englisch ist die Brückensprache. Wir sind dran. Wir sitzen in einem kleinen Raum, da sind drei Stühlen. Ein Herr kommt und fragt mich:
– In welcher Sprache möchten sie das Interview machen?
– Ich möchte es in meiner Muttersprache machen; Kinyarwanda.
– Haben Sie ihre drei Pässe? Ja, haben wir. Bitte schön.
Vor mir sitzt eine Frau. Von ihrem Akzent her erkenne ich, dass sie aus Burundi kommt. Ich kann sie gut verstehen und sie mich. Sie stellt mir Fragen und nimmt das gesamte Interview auf. Die Kinder stehen eingeschüchtert neben mir. Alles ist für uns fremd.

Ich bin fertig. Sie lässt mich die Aufnahme hören. Es müssen wichtige Korrekturen vorgenommen werden.
– „Haben Sie Dokumente als Beweis von dem, was Sie gesagt haben?", fragt der Herr, der uns empfangen hat.
– Ja, ich habe Fotos.
Er hat die anguckt und die mir zurückgegeben.

– Gehen Sie bitte nach draußen. Warten Sie dort.
Nach einer Weile kommt jemand und zeigt uns den Bus. Wir sollen mit anderen mitfahren. Wohin, keine Ahnung. Ich mache, was gesagt wird, besser gesagt, „was gezeigt wird". Es gibt keine Erklärung. Ich habe jetzt, am 19.4.1999, eine Bescheinigung über die Meldung als Asylsuchender erhalten. Diese gilt bis zum 26.4.1999.
Ich halte meine Arme fest um meine Kinder, um nicht von ihnen getrennt zu werden. Der Bus fährt los. Nach ein paar Minuten hält er an. Jemand steht an der Tür und zeigt mit der Hand, dass wir alle aussteigen müssen. Wir sind aufgestiegen und stehen draußen.
Auf einem Schild steht geschrieben, „Westfalendamm 399, 44143 Dortmund".
Wir sind in einem Durchgangslager für Flüchtlinge angekommen.
Mehrere Hochhäuser stehen links und rechts. Wir stehen in der Mitte. Ein kleiner Weg teilt die Häuser auf. Die Hochhäuser sind weiß. Es ist eine sehr große Fläche. Eine kleine grüne Wiese ist auch zu sehen mit ein paar Bänken. Viele Menschen laufen in alle Richtungen. Hautfarbe, Sprache, Herkunft, Alter, Geschlecht, Religion, alles gemischt. Eine echte Show! Wir sind jemand gefolgt in einem großen Raum auf der zweiten Etage. Auf der rechten Seite sind mehrere Betten in einer Reihe. Sie sind schon fertig bezogen. Die Wände sind nackt und weiß. Kein Schrank, kein Stuhl, kein Tisch, nichts anderes. Ciana, es erinnert mich an „Dortoir", an die weiterführende Schule, im Internat bei den Nonnen. Trist, leblos. In einer Ecke gibt es eine kleine Tür, die in einen engen Raum führt. Darin sind eine Toilette und ein Waschbecken. Es ist so eng, dass ich, wenn ich drin bin, das Gefühle habe nicht atmen zu können. Ich denke bei mir: „Du bist nicht bei dir, du bist fremd, das ist die Realität, musst du dich dran gewöhnen." Trotz der Umgebung, ich bin glücklich, dass wir in Sicherheit sind, mehr brauchen wir in Moment nicht.

Dortoir: Schlafsaal

Es ist Abend. Die Betten sind in zwei Reihen angeordnet. Wir sind auf der linken Seite. Hier sind mehrere Büros und Säle. Es ist morgens, am nächsten Tag. Es gibt Frühstück. Jemand kommt uns holen, um uns zeigen, wo der Saal ist. Wir sitzen in einem großen Saal, das gleiche wie der Speisesaal im Internat. Weiße, nackte Wände. Die langen Holztische sind auch in einer Reihe mit dem Unterschied, dass es keine Tischführerin gibt, kein Gebet; keine Glocke, die die Essenszeit begrenzt.

Unterschiedliche Menschen sitzen da. Kein Wort.

Das Essen ist serviert ohne Zeremonie, ohne Wort. Ich muss versuchen, das Essen mit den Augen, mit dem Mund zu verstehen. Ich muss herausfinden, was vor mir auf dem Teller steht. Ich kann es den Kindern nicht einfach so geben, ohne zu wissen, was das ist. Wir haben fast nichts gegessen, das Essen ist uns fremd. Die Betten warten auf uns. Wir sind müde. Alle diese Registrierungsprozesse sind äußerst anstrengend. Gemäß dem, was ich sehe und verstehe, wohnen wir ab heute zuerst hier.

Das ist der erste Tag in diesem großen Empfangslager. Ich habe mich entschieden, zu fragen. Wer nicht fragt, bekommt keine Erklärungen und kommt nicht weiter. Ohne Informationen, kein Erfolg. Ich bin zu einem Sozialarbeiter gegangen. Ich habe mitbekommen, dass er Englisch spricht.

– „Ihr müsst hierbleiben, bis ihr einen Bescheid vom Bundesamt bekommt. In dem Bescheid steht drin, in welcher Stadt ihr wohnen werdet, um auf eine Antwort auf ihren Asylantrag zu warten", sagt er.

– Wie lange müssen wir hierbleiben?

– „Ich weiß nicht, es ist unterschiedlich. Normal, mit Kindern, geht es schnell. Nur paar Tage, ungefähr eine Woche, mehr nicht", antwortet er.

– Vielen Dank.

– „Übermorgen müsst ihr zum Bundesamt, sie haben einen Termin", sagt er.

Am nächsten Tag Morgen, um acht Uhr, sind wir mit dem Bus zum Bundesamt für Migration und Flüchtlinge (Bamf) Huckarder Str. 91, 44147 Dortmund.

73

Wieder ein Kurzinterview. Wir sind schnell fertig und fahren zurück ins Lager.

Ayiii! Meine Liebe, ich habe mich noch nie so einsam und elend gefühlt. Mit der Asylmeldung ist es komplett trostlos. Ich weiß nicht, wie es weitergehen sollte. Für die Menschen von hier sind wir wie Luft.

Meine Welt streikt.

Mein Herz steht auf dem Kopf.

Von nichts tun, entsteht allmählich die Apathie. Sie belebt die Wunde.

Ich möchte Umgang mit anderen Menschen.

Ich bin krank, meine Krankheit heißt Einsamkeit. Sie kam am Tag des Exils.

Schwer wie ein Stein ist die Last. Was ich auch tue, reißen, zerren, es geht einfach nicht weg. Nach der Flucht ist mein Leben leer. Ich bin nur ein Kieselstein, verloren in einer großen kalten Welt. Achtlos, ausgestoßen, liegengelassen auf der Erde. Ich suche nach einer Lösung. Bevor, packe ich ihn, reiße den Stein von meinem Herzen, und werfe ihn weg, wohin er kam.

Ich bin sie los, der Wurm, Einsamkeit!

Wir sitzen und sitzen Stunden lang. Es ist uns langweilig.

Keine Lektüre, keine Kommunikation. Glücklicherweise habe ich meine Kinder. Wir spielen und sprechen zusammen.

Heute habe ich achtzehn Deutsche Mark Taschengeld erhalten, für uns drei. Ich habe keinen Vergleich. Wie viele Ruandische, Francs, sind das? Keine Ahnung.

Ich habe mir wieder Informationen geholt. Danach weiß ich, dass ich damit nur Kleinigkeiten kaufen kann. Hier gibt es einen Second-Hand-Raum. Man kann da gebrauchte Kleidung finden. Jemand hat uns dahin geführt. Wir könnten nichts mitnehmen. Es sind Abfallklamotten. Wir sind zurück, wir müssen leider wieder setzen.

Die erste Woche ist vorbei, kein Bescheid. Zweite Woche, nichts.

Die Sozialarbeiter und andere Asylsuchende staunen. Was ist passiert. Ich bin die einzige mit Kindern da, die andere sind nur paar Tage im Lager gewesen und hatten ihren Bescheid. Die anderen Asylsuchenden sind zu mir gekommen, um mich zu fragen, ob ich unsere Pässe abgegeben habe, ob ich die Wahrheit gesagt habe. Ich kann nicht lügen. Ich habe zwei kleine Kinder. Ich möchte sie nicht in Gefahr bringen. Daraufhin, haben sie gesagt, dass ein Fehler gewesen sei. Sie haben die Wahrheit gesagt und ihre Pässe abgegeben, deswegen bekommen sie keinen Bescheid, sagen sie zu mir. Ich denke bei mir: „Wo ist die Logik?" Ich kann keinem erzählen, dass ich mit zwei kleinen Kindern ohne Pässe in Deutschland angekommen bin. Oder dass wir zu Fuß gelaufen sind. Die Menschen hier haben auch einen Kopf! Die andere sagen, geh heimlich mit deinen Kindern von hier weg. Nach Belgien oder in ein anderes Land. „Warten, mehr kannst du nicht tun. Das tue du deinen Kindern nicht an. Dir auch nicht", sage ich mir.

Heute ist Donnerstag. Das ist die dritte Woche. Um sieben Uhr klopft ein Sozialarbeiter und sagt,
– „Ihr seid zu spät zum Essen.
– „Die Kinder haben lange geschlafen, ich wollte sie nicht wecken.
– Eine Überraschung für sie. Der Bescheid ist da. Kommen Sie bitte mit, sagt er.
Er erklärt mir, dass wir eine „Unbefristete Aufenthaltserlaubnis" bekommen haben. Nach drei Wochen, dürfen wir drei, unbefristet in Deutschland leben. „Vielen Dank", sage ich, meine Augen nach oben richtend. Ein schwerer Stein fällt von meinem Herzen runter. Meine Kinder können in Ruhe schlafen. Ich darf sie wachsen sehen. Wir haben ein Gastland gefunden. Nur dieser Gedanke macht mich unbeschreiblich glücklich. Wir haben den Kampf gewonnen.
Die Sozialarbeiter wollen wissen, was ich speziell gemacht habe. Sie sind sehr überrascht. Wir haben so was noch nicht erlebt bisher. Sie haben uns am Abend eingeladen. Wir haben Schokolade bekommen.
Joy und Lucien Kinderschokolade, ich „Toblerone Schokolade". Wir haben zum ersten Mal Schokolade, gegessen. In Ruanda

ist das eine Delikatesse, die isst nicht jeder. Man kennt schon den Namen, aber schon probiert, ganz selten oder gar nicht.

Sie haben, an diesem Abend, eine Flasche Sekt aufgemacht, wir müssen es feiern, sagen sie. Ich habe es ein bisschen probiert. Ich kenne es nicht. Die Freude ist groß.

– „Packen Sie bitte Ihre Sachen, morgen früh fahrt ihr weg", sagt der Sozialarbeiter.

– Wohin? Weiß ich nicht. Morgen wisst ihr, wohin ihr geht.

Freitag um sieben Uhr steht der Bus im Empfangslager. Wir sind losgefahren. Nach vierundvierzig Minuten Fahrt, hält der Bus an. „Staatsverwaltung Dülmen", steht groß an der Fassade geschrieben. Wir sind ausgestiegen und der Bus fährt zurück. Ein Herr kommt und holt uns ab. Wir sind ihm gefolgt bis in einem Büro. Das gleiche Ritual:

– „Eure Papiere bitte." Er schreibt alles auf.

„Kommen Sie bitte mit", sagt er.

Wir sind ihm gefolgt bis draußen zu einem Auto.

– Einsteigen.

Alles läuft ohne Erklärung, ohne Worte. Nach ungefähr fünfzehn Minuten Fahrt hält er in einer unbewohnten Umgebung. Ich sehe kein Haus, keinen Menschen, kein Geschäft. Ich denke bei mir, was will er hier?

– „Aussteigen", sagt er.

Ich bin perplex, werden wir hier wohnen? Hier sehe ich keinen Menschen. Ich sehe mich um, ich schaue in die Ferne. Ich bin schockiert. Vor mir steht ein weißer Container. Ich sehe eine Frau und einen Mann herauskommen.

Das Gruselhaus in einem Geisterort

Dieser Container ist wie ein Stein, der in einem Ozean ausgesetzt ist. Es gibt kein Lebenszeichen. Jetzt ist Frühling, das Unkraut ist ungefähr dreißig Centimeter hoch. Ich sehe aus der Ferne ein kleines Elektrogeschäft. „Denke daran, du bist nicht zu Hause, du bist fremd", sage ich mir wiederholt. Die Stimme des Mannes, der uns hier gebracht hat, holt mich zur Realität zurück.

– Folgen Sie mir.

Wir sind rein gegangen, ihm hinterher durch einen engen Flur. Rechts und links sind kleine Räume. Der Container hat zwei kleine enge Eingangstüren, die sich an beiden Enden gegenüberliegen. An der Eingangstür auf einer Seite hängt ein klassisches Kabeltelefon.

Innen ist düster, abweisend. Er ist weiß gestrichen, besser gesagt, er hat keine Farbe mehr. Der Innenraum riecht ekelig. Es gibt keine Luft, alles ist dreckig. Er bleibt vor einer dieser kleinen Türen stehen. Er hat die Schlüssel von seiner Tasche rausgeholt und macht auf.

– Hier ist euer Zimmer.

Drin ist ein unangenehmer Geruch nach Feuchtigkeit. Das Fenster ist so schmutzig, dass ich glaube, das Glas ist zerbrochen und sie haben es vorübergehend durch ein stabiles Stück Papier ersetzt. Ein Hochbett mit zwei Ebenen aus Metall ist da drin und ein harter Stuhl aus Holz ohne Bekleidung. Das ist alles. Er hat mir einen Schlüssel und Bettwäsche gegeben. Daraus verstehe ich, dass er Hausmeister ist.

– Tschüss, sagt er.

Es gibt hier zwei kleine Badzimmer, Frauen und Männer separat. Mittendrin befindet sich eine kleine allgemeine Küche. Ich bin sehr besorgt wegen der Hygienebedingungen. Mit zwei kleinen Kindern ist es eine große Herausforderung. Ich bin momentan die einzige mit Kindern. Ich habe mir vorgenommen, auszuharren und vor allem, das Beste daraus zu machen. Also geht los mit Zimmer sauber machen, Fenster putzen. Ich stelle fest, dass dem Putzen nicht möglich ist. Ich muss zuerst das Material selbst kaufen. Eine Frau hat mir vage erklärt in unverständlichem Englisch, wie man die Geschäfte im Dorf findet. Wir drei machen uns auf dem Weg. Wir haben ewig gesucht mit dem Vorteil, dass jetzt wissen wo man einkaufen geht. Im Container gibt keine Regeln. Keiner kümmert sich. Jeder macht, was er will und wie es ihm passt. Es wird übermäßig Alkohol getrunken, es werden Drogen genommen, es wird drinnen geraucht, fürchterlich. Ich erkenne die Gefahr sofort. Single-Männer und -Frauen, Familien, ohne und mit Kindern, alle wohnen zusammen da drin. Sie sind aus unterschiedlichen Ländern. Keiner spricht Deutsch. Einige wenige können Pidgin-Englisch. Ich habe von anderen erfahren, dass wir in der Stadt „Coesfeld" wohnen. Der Container ist im Stadtteil „Dülmen". Der Alltag ist der gleiche wie im ersten Asylsuchenden-Lager in Dortmund. Sitzen von morgens bis abends. Ich kann es nicht mehr ertragen. Mehr als einen Monat setzen wir da auf den harten Stuhl. Ich bin es nicht gewohnt. Wir sind hier im Container, um auf unsere Pässe zu warten. In Dortmund haben sie zu mir gesagt, wenn die Wartezeit lang ist, wird sie maximal eine Woche dauern. Eine Woche ist vorbei, nichts. Ich bin zum Ausländeramt gegangen, um zu fragen. Dieses Mal müssen wir mit dem Zug fahren. Eine Herausforderung wartet auf uns, Tickets am Automaten kaufen. Damals wurden D-Markt verwendet.

Wir müssen zuerst den Weg finden zu Bahnstation. Wir stehen da und wartet auf den Zug. Ich kann weder den Fahrplan noch was auf der Tafel für die Ankünfte und Abfahrt verstehen. Bei laut gesprochenen Informationen ist noch schlimmer. Im Container habe ich erfahren, dass man das Tickets kaufen muss. Sie sagten aber das ist nicht nötig sei. Unser Zugstation ist im Dorf, es gibt keine Kontrolle. Nette Menschen gibt es überall auf diesem Planeten. Ich habe einfach mich getraut eine Frau, die neben mir steht zu fragen. Glücklicherweise spricht sie Englisch. Sie hat mir geduldig erklärt, wie man ein Ticket kauft. Sie hat mir informiert, wie es läuft, wenn erwischt wird, im Zug ohne Ticket. Ich weiß Bescheid und bin dankbar. Der Herr, der uns empfängt, sagt: „Die Pässe sind noch nicht fertig, sie sollen ein bisschen Geduld haben. Sie werden einen Brief bekommen." Wir sind zurück in dem Container. Noch eine Woche, wieder nichts. Heute haben wir eine große Überraschung, „Schnee" ist gefallen. So schönes, makelloses Weiß. Das ist das erste Mal, das ich echter Schnee sehe, ich kenne sie von Filmen. Die Kinder haben noch nicht mal davon gehört. Wir stehen die ganze Zeit am

Fenster und gucken. Später haben wir uns getraut, rauszugehen und den Schnee anzufassen. Lucien und Joy wollen draußen bleiben. Ich habe entschieden, mit dem Deutschkurs anzufangen. Der Beamte hat mir gesagt, dass den Kurs nur eine Stunde besuchen darf. Die Landessprache in dem man lebt, nicht zu sprechen und verstehen ist eines der größten Hindernisse zur Entwicklung und Integration eines Menschen. Ich kann meinen Bescheid weder lesen noch verstehen. Keiner hier kann mir helfen. Ich vertraue den Beamten nicht mehr. Sie zeigen kein Interesse an uns. Sie antworten nicht mal die Fragen. Wenn ich beharrlich frage, sind sie verärgert.

Louis lebt seit langer Zeit in Deutschland. Er hat hier seine Ausbildung gemacht. Er arbeitet und wohnt in Bonn. Er hat eine Frau und Kinder. Er besucht in Container seine Nichte.

Er fragt:

– Haben Sie schon ihren Bescheid oder warten Sie noch wie meine Nichte?

– Ich habe schon einen Bescheid, aber ich weiß nicht, was darauf steht, antworte ich.

– Bringen Sie ihn bitte.

Ich habe den Bescheid jetzt geholt und ihm gegeben. Er guckt mich mit großen Augen an und sagt:

– Sie haben eine unbefristete Erlaubnis.

– Was heißt das? frage ich.

– Das heißt dass sie mit ihren Kindern in Deutschland bleiben, dürft ohne Zeitbegrenzung. Sie dürfen in Deutschland wohnen, wo sie wollen. Sie dürfen arbeiten oder zur Schule gehen. Wie lange wohnen Sie hier? Sechs Monate, antworte ich.

– Haben Sie schon ihren Pass?

– Nein, noch nicht.

– Sie sollten fragen. Sie hätten diesen schon spätestens nach zwei Wochen bekommen sollen. Sie können jetzt anfangen, eine Wohnung zu suchen, aber ohne Pass ist es sehr schwierig. – Wo wollen Sie wohnen?

– Ich möchte nach Bonn. Bonn ist eine kosmopolitische Stadt.

Er sagt daraufhin:

– Ich komme wieder, meine Nichte besuchen. Wenn Sie ihren Pass schon haben, werde ich ihnen helfen. Ich wohne dort.

– Danke sehr.

Was für ein Glück. Sandra, eine Bekannte, ruft mich an.

– Wo seid ihr? Wie geht es euch?

– Es geht uns gut. Wir sind noch im Container.

– Ich komme euch besuchen, ich bin in der Nähe.

– Freuen wir uns dich wieder zu sehen.

Sandra ist jetzt da.

– Wieso seid ihr noch hier?

– wir haben die Pässe bis jetzt nicht.

– Hast du in letzter Zeit Briefe bekommen? Vielleicht haben Sie was geschrieben.

– Ich habe bis jetzt keinen Brief bekommen.

– Hast du beim Ausländeramt gefragt? Oft genug.

– Wir schreiben jetzt einen Brief, du unterschreibst ihn und ich bringe ihn selbst dorthin. Wenn innerhalb einer Woche keine Antwort kommt, helfe ich dir, die anzuzeigen. Ein Jahr ist vergangen. Unmenschlich ist das.

Es bleibt mir nichts anderes übrig, sonst müsst ihr in dem Container bleiben.

– Danke, dass du gekommen bist und uns helfen möchtest.

– Gerne, ich komme nächste Woche nochmal. Ich komme aus dem Staunen nicht mehr heraus. Zwei Tage später ist ein Antwortbrief da. Ich weiß nicht, was drin geschrieben steht, trotzdem fahren wir zum Ausländeramt, um zu fragen. Ein Herr, der uns empfängt, sagt:

– Habt ihr Fotos für eure Pässe?

Ich bejahte. Als Vorsichtsmaßnahme habe ich aus Ruanda Passfotos mitgebracht.

– Wir machen die Pässe jetzt fertig. Sie können sie mitnehmen.

– Herzlichen Dank. Ich habe Sandra Bescheid gesagt. Sie hat sich gefreut.

– Ein Schritt nach vorne, sage ich mir. Ich merke immer wieder, dass die Emotionen sich zwingen langsam aufzukommen.

Sie sind verschwunden wie ein Päckchen aus Stoff, voll mit Steinen, das mit enger Schnur zugebunden und in den Fluss geworfen worden ist. Ich empfinde Freude und tiefe Dankbarkeit, wenn ich auf meine beiden Kinder blicke. Sie sind bei mir und gesund. Ich funktioniere nur, immer weiter, seit fünf Jahren. Wir haben jetzt die Ausweise. Nächster Schritt: Wohnungssuche. Ich kenne keinen. Ich muss selbst versuchen. Ich kann mich nur in den Ferien bewegen. Das bedeutet, wieder warten. Ich möchte meine Kinder nicht in den Händen von fremden Menschen lassen. Die verbleibenden Tage sind kürzer als die vergangenen. Louis ist wieder da, um seine Nichte zu besuchen.

– Ich habe schon die Ausweise. Können Sie mir bitte helfen eine Wohnung in Bonn zu finden?

– Kommen Sie bitte zu uns in den Ferien. Nehmen Sie ihre Kinder mit. Sie müssen da sein, um eine Wohnung zu finden.

– Vielen Dank. Wir werden kommen.

Er ist zurückgefahren. Er hat mir die Adresse gegeben. Wir sind nach Bonn gefahren. Zwei Wochen sind kurz, um eine Wohnung zu finden. Als Ausländerin, ohne ein Wort Deutsch, mit zwei kleinen Kindern, schwierig. Die Weihnachtsferien sind vorbei, wir müssen zurückfahren. Ich muss auf die Osterferien warten. Er ist wieder da zu Besuch.

– Meine Familie und ich ziehen um. Wenn Sie wollen, kann ich gucken, wo wir hinziehen und wenn ich eine Wohnung finde, sage ich ihnen Bescheid.

– Vielen Dank, nett von Ihnen, ich würde mich freuen.

Vom Container aus bis zu Schule laufen wir zehn Minuten zu Fuß. Es ist nur eine Grundschule.

Joy soll in den Kindergarten gehen. Kurzfristig einen Kindergartenplatz zu finden, ist schwierig. Wenn ich einen finde, muss ich damit rechnen, dass dieser weit weg ist. Sie ist fünf Jahre alt, sie ist noch klein, sie kann die lange Strecke nicht jeden Tag laufen. Sie auf den Armen zu tragen, ist schwer. Wie kann ich vorgehen? Ich habe eine Idee. Auf dem Sperrmüll im Dorf liegen oft Fahrräder. Ich besorge mir eines und bringe mir das Fahrradfahren selbst bei. Ich bin noch nie auf ein Fahrrad gestiegen! Eine Woche später habe ich ein Fahrrad gefunden. Die Leute im Container gehen sehr spät ins Bett und schlafen den ganzen Vormittag durch. Ich übe früh morgens, während Lucien und Joy noch schlafen. Jeden Morgen freue ich mich drauf. Es ist unheimlich lustig! Ich falle hunderte Male und lache mich von Herzen kaputt. Seit ich in Deutschland lebe, hatte ich noch nie so viel Spaß gehabt. Nach zwei Wochen konnte ich fahren! Ciana, du hättest mich sehen sollen. Das wäre der beste Witz aller Zeiten gewesen, schade dass du es nicht sehen wird! Was ich nicht wusste, ist, dass es in Deutschland für alles Regeln und Gesetze gibt. Das Fahrradfahren ist auch mit Straßenverkehrsregeln verknüpft. Ohne die zu kennen, ist es gefährlich, sich auf die Straße zu begeben. Der Ort hier ist klein. Es gibt keine Fahrradwege, keine extra Schilder für Fahrräder oder Fußgänger.

In Ruanda gibt es keine Fahrradfahrregeln oder Gesetze. Man fährt, und fertig.

Ich bin mit dem Fahrrad ins Zentrum gefahren für einkaufen. Da sind unterschiedliche Ampeln. Ich verstehe ihre Funktion nicht. Die Leute im Container wissen auch nichts davon. Keiner kann mir es Erklären. Sie fahren einfach so. Wie die Mehrheit von Flüchtlingen wissen sie nur, dass man bei roten Ampeln stehen bleiben muss, bei grünen fahren darf. Dann passiert, was passieren muss. An einer Ampel, an einer kleinen Kreuzung, habe ich das Signal einer Ampel nicht verstanden. Ich bin weitergefahren, statt stehenzubleiben. Plötzlich sitze ich auf der Straße. Glücklicherweise hat der Fahrer das Fahrrad nur vorne angestoßen. Mir ist nichts passiert. Hoppala, sage ich mir. Da, ich nur funktioniere, fühle nichts, Angst habe ich überhaupt keine. Ich bin aufgestanden und weitergefahren. Ich habe keinem erzählt, was mir passiert ist. Die Menschen im Container sind mit ihren eigenen Problemen beschäftigt. Es ist unglaublich, wie unser Körper in manchen Lebenssituationen reagiert.

Wenn man im Leben auf sich allein gestellt ist, keine andere Möglichkeit hat, passt sich der Körper den Umständen an.

Im Container, in ruhigen Momenten, habe ich an diesen Unfall nachgedacht. Ciana, du hättest bestimmt mir gesagt: „Unvernünftig. Nächstes Mal weißt du Bescheid." Ich bin den Weg ins Exil gegangen, um meine Kinder zu beschützen. Wenn ich mich verletzt hätte oder gestorben, was wäre aus denen geworden? In einem fremden Land, in dem sie niemand kennen, sie sprechen weder noch verstehen sie die Sprache. Es wäre schlimm gewesen. Ich habe die Entscheidung getroffen, nie wieder mit dem Fahrrad fahren. Joy geht jetzt nicht in den Kindergarten. Sie wird den Kindergarten besuchen, wenn wir umgezogen sind und irgendwo fest wohnen. Sie bleibt bei mir. Kommt sowieso keiner, um zu gucken. Keiner kümmert sich um uns.

Das Fahrrad habe ich jemand aus dem Container geschenkt. Die Zeit für den Schulanfang ist gekommen. Lucien muss zur Schule.

Er ist das einzige farbige Kind in der ganzen Schule. Er spricht kein Wort Deutsch. Die Kinder haben scheinbar bis jetzt kein farbiges Kind gesehen! Er muss der Qual erleben, überall angefasst zu werden. Oft steht er im Kreis, rundherum Mitschüler. Er muss ohne Sprachkenntnisse am Unterricht teilnehmen. Die erste Klasse ist die Basis das Schreiben und Lesen lernen. Ich darf nicht bei ihm bleiben. Er muss durch, der Arme. Jeden Tag auf dem Weg zu Schule, mache ich ihm Mut, lobe ich ihn für sein Ausharren, obwohl schwierig und unangenehm für ihn ist. Nach der Schule unterhalte ich ausführlich mit ihm, um zu wissen wie sein Tag gelaufen ist. Ich möchte herausfinden, wie er sich fühlt. Ich versichere ihm immer wieder, dass Joy und ich stolz auf ihn sind. Ich versuche wiederholt, ihm die aktuelle Situation, in der wir uns befinden zu erklären. Ich baue ihn auf mit dem Gedanken, dass alles schön wird und dass wir drei zusammenhalten. Weißt du, Ciana, es gibt nichts, was das Herz einer Mutter mehr bricht als dem eigenen Kind nicht helfen zu können. Bist du auch in solche Situationen gewesen? Lucien ist tapfer. Er geht mutig zur Schule und jeden Tag freut er sich über das, was er lernt. In Wirklichkeit lernt er die deutsche Sprache, was der Lehrer sagt, versteht er nicht. Ich habe den Kindern beigebracht, alles mit Humor hinzunehmen. Wir finden die deutsche Sprache lustig. Sie hat weder Verbindung zu Französisch noch zu Kinyarwanda, unserer Muttersprache. Wir drei spielen wie im Theater mit Wörtern, die wir hier und da aufgeschnappt haben. Wir haben Spaß. Das hilft Lucien, jeden Schultag zu überstehen. Morgens Joy und ich, bringen wir ihn zur Schule und wenn die Schule zu Ende ist, holen wir ihn ab. Er lernt schnell Deutsch. Ich staune. Im Container lerne ich weder Buchstaben noch Zahlen mit ihn. Er hat Unterricht und zusätzlich Extraübungen mit dem Schuldirektor. Es ist für ihn anstrengend genug.

Der Schuldirektor ist ein netter Mensch. Er kümmert sich persönlich um Lucien. Er ist geduldig mit ihm. Er gibt ihm zusätzliche Erklärungen und Übungen. Ich bin sehr dankbar, so einen guten, mitfühlenden Menschen getroffen zu haben.

Alle, die hier im Container wohnen, haben eine schreckliche Angst, abgeschoben zu werden. Ich muss über die Aufenthaltserlaubnis und unsere Pässe schweigen. Wenn wir im Zimmer sind, schließe ich mit dem Schlüssel ab. Wenn wir woanders sind, nehme ich sie mit. Ich sehe kaputte Türen, die gewaltsam geöffnet wurden.

Die Angst ist der Hauptfaktor, der Millionen von Menschen dazu bringt, aus ihrer Heimat zu fliehen. Viele kommen nicht direkt hier an. Manche haben von einem Tag bis mehr als ein Jahr unter unmenschlichen Bedingungen gelebt.

Frauen und Mädchen erleben unbeschreibliche Vergewaltigungen und Missbrauch. Die unbegleiteten minderjährigen Flüchtlinge sind Opfer von bösen Menschen und Krankheiten. Hier haben wir nichts zu tun. Die Flüchtlinge, die mit mir im Container leben, erzählen ihre Geschichte. Es ist erstaunlich, was ein Mensch aushalten kann. Manche schämen sich, solche Geschichten den Bundesamt Beamten, im Interview zu erzählen.

Sie haben fast alle Bekannte oder Familienangehörige in Deutschland. Sie wissen, wie es hier läuft. Das macht ihnen zusätzlich Angst. Keine Ahnung zu haben, wie die Asylverfahren laufen, ist für mich ein Vorteil. Ich höre nur ihnen zu, wenn sie ihren Fluchtgeschichten erzählen. Nach der Flucht sind die Flüchtlinge schon traumatisiert. Weiter mit der Angst zu leben in Ländern, wo sie ankommen, macht zusätzlich die Seele krank. Hier in Deutschland liest und hört man, in den Medien, immer wieder Geschichte, von Flüchtlingen die, die zurückweisen wollen oder zurückgewesen wurden, obwohl sie sich schon vorbildlich integriert haben. Sie haben sich nie etwas zuschulden kommen lassen. Sie haben die Sprache gut gelernt und sind hochmotiviert. Manche sind in der Ausbildung oder arbeiten schon. Die Ausländerämter meinen, nach einer Weile, die Gefahr für Leib und Leben bestehe für einen Migranten nicht mehr. Nach so langer Zeit haben die Verfolger kein weiteres Interesse an Verfolgung. Die Realität sieht leider anders aus. Die Verfolger vergessen einen nicht, noch lassen sie einen in Ruhe. Die Verfolger sind Ketten, es ist nicht nur eine einzelne Person. Wenn diejenigen nicht mehr da sind, sind andere da und setzen die Verfolgung fort. Manche Arbeitgeber wollen nicht oder zögern, Migranten als Praktikanten, Auszubildende oder Arbeiter in ihrem Betrieb aufzunehmen. Sie haben Sorgen, deswegen vorurteilsbeladene Kunden zu verlieren. Doch, nachdem sie Erfahrungen mit Migranten gemacht haben, wachsen ihnen diese ans Herz und sie ändern grundlegend ihre Meinung. Es ist schön zu sehen, dass nach und nach die Zahl mitfühlender Menschen zunimmt. Sie setzen sich für sie ein, wenn eine Situation auftaucht wie eine Abschiebung und ein Asylverfahren.

Im Container sind die Nächte oft unruhig. Diejenigen, die wissen oder vermuten, dass sie abgeschoben werden könnten, verstecken sich natürlich. Sie sind wieder auf der Flucht. Die Polizei sucht sie. Sie kommt oft spät oder ganz früh morgens, um diejenigen festzunehmen. Sie können nicht ruhig sitzen, die Polizei könnte jederzeit plötzlich da sein. So lebt ein Mensch nicht mehr wirklich. Manchmal, erschreckt sich einer und ergreift durch das Fenster die Flucht. Danach stellen wir fest dass niemand gekommen war. Ich habe solche Situationen oft erlebt. Das ist sehr aufregend, obwohl ich eine Aufenthaltserlaubnis habe. Ich musste mich wieder an meinen eigenen Weg erinnern.

Ein paar Tage später, Marie teilt mir, dass Louis, eine freie Wohnung gesehen hat. Wenn wir wollen, könnte er den Vermieter fragen, ob wir sie haben dürfen. Gerne antworte ich. Bitte leiten Sie die Vorgabe vom Ausländeramt an ihn weiter: Drei Zimmer Wohnung, sechshundert Deutsche Mark, warm. Wir haben eine gute Nachricht, wir dürfen die Wohnung haben. Wir sind glücklich. Endlich, nach einem Jahr den Container für immer verlassen.

Wir drei gehen zu Luciens Grundschule, um uns zu verabschieden.

Vielen Dank, Herr Direktor, für die Hilfe, die Joy von Ihnen bekommen hat. Danke für die Geduld, die sie mit ihm hatten.

Die Frauen und ich

Ciana, wenn du wüsstest, was mir passiert ist. Eine Frau will mich als Partnerin haben. Sie weiß und sieht, dass ich zwei Kinder habe. Wie du weißt, in unserer Kultur laufen Frauen auf der Straße Hand in Hand. Es hat keine bestimmte Bedeutung. Wenn ein Ehepaar zu Besuch ist, schlafen die Frauen in einem Bett und sie quatschen die ganze Nacht. Die Männer ebenso, trinken, reden, keiner hat Bedenken. Hier zeigt ein solches Verhalten, dass die Leute entweder Lesbische oder Homosexuelle sind. Als sie diesen Vorschlag machte, traute ich meinen Ohren nicht. Bist du verrückt? Ich habe doch zwei Kinder, wie kommst du auf diese Idee? Ich bin nicht lesbisch, es ist undenkbar für mich. Ich bin mit einem Mann neuen Jahren verheiratet gewesen.

Sie sagt: „Du bist aber Lesbe, nur in den afrikanischen Ländern seid ihr nicht kultiviert genug, um herauszufinden, wer ihr seid und was ihr fühlt. Ich habe gesehen, wie du dich den anderen Frauen gegenüber verhältst. Keine Sorge, ich werde die Kinder adoptieren. Ich verdiene genug, wir werden keine finanziellen Probleme haben. Wir werden in einen toleranteren Staat umziehen.

Ich bin fassungslos. Sie erzählt mir, dass sie neun Jahre lang eine Beziehung mit einer Frau hatte, die verheiratet ist und Enkelkinder hat. Ich komme aus dem Staunen nicht mehr heraus. Was es alles auf dieser Welt gibt. Sie will nicht verstehen, was ich sage, vielmehr mich überzeugen, dass ich mich nicht kenne.

Ich bin verärgert. „Ich will nicht weiter darüber diskutieren", sage ich. Sie ist wütend, sie geht hin und her. Sie spricht laut auf Deutsch und ich denke bei mir, wie schön, dass ich Deutsch nicht verstehe. Wie schön, dass die Kinder klein sind und auch nichts verstehen. Ich habe meinen Mut zusammengenommen und die Sache klargestellt. Ich bin sie glücklicherweise los. Es ist kompliziert gewesen. Seitdem habe ich mehr Bedenken die Frauen gegenüber als Männer. Stell dir vor, ich bin mit meinen Kindern auf der Flucht. Wir sind auf einem anderen Kontinent, in einem fremden Land. Ich weiß nicht, wohin. Ich habe alles hinter mir gelassen oder verloren, Familie, Freunde und Besitz. Ich weiß nicht, ob wir überhaupt in Deutschland bleiben dürfen, ich bin von Sorgen beladen und dann kommt noch eine mit so unsinnigen Vorschlägen.

KAPITEL ZWEI

Ein sanftes Licht auf den Frühling
meines Lebens

Eine kostbare Perle

Wir können die Wohnung nicht besichtigen. Es ist weit weg. Von Coesfeld nach D. sind es zwei Stunden Fahrt mit dem Auto. Wir ziehen erst mal um. Wenn die Stadt oder die Wohnung uns nicht gefällt, werden wir später wieder eine neue Wohnung suchen oder die Stadt wechseln. Wieder ein Schritt nach vorne. Eine nette Bekannte, Flora, fährt uns dahin. Wir besitzen nichts außer ein paar Klamotten, Schuhe, einige Haushaltsgegenstände.

Es ist früh morgens, am 1. Juni 2000. Wir sitzen in einem kleinen angemieteten Minibus und fahren los. Wir haben ein Jahr im Container verbracht. Netterweise hat der Vermieter auf uns gewartet. Wir haben die Schlüssel erhalten und dürfen in der Wohnung rein.

Ciana, es ist jetzt richtig aufregend. Wir haben eine Wohnung in Deutschland. Ich habe schon im Container erfahren, dass es hier nicht so läuft wie in Ruanda. Da bezahlt man die Miete und geht in der Wohnung einfach rein. Wenn man irgendwann raus möchte, bespricht dass mit dem Vermieter ab, gut ist. Hier läuft die Sache anders.

Ich habe einen Vertrag erhalten, den muss ich unterschreiben. Darin steht alles, was die Wohnung betrifft: die Kündigungsfrist, der Wohnungszustand beim Einziehen und alle Details. Ich muss mich auch für den Strom bei einer Firma melden. Ich hätte auch gerne ein Telefon Anschluss, weißt du. Wir müssen uns und die Wohnung auch bei der Stadt anmelden. Alles ist auf Deutsch geschrieben, ich mache mich auf die Suche nach einem Dolmetscher. Nein, es geht nicht. Ich habe festgestellt, dass ich keinen Menschen hier kenne. Die Leute, die ich sprechen höre auf der Straße, sprechen kein Deutsch, sondern ihre Heimatsprache. Ich werde einfach fragen. Wenn sie kein Englisch sprechen, muss ich mit Zeichen Andeutungen machen. Wir haben uns eine Stunde an einem Bushaltstelle gestanden. Ich habe keinen gefunden der uns helfen kann. Ich habe ein Wörterbuch gekauft, aber es hilft nicht wirklich. Der Vermieter spricht kein Englisch. Ehrlich gesagt, ich unterschreibe, was ich nicht verstehe. Es ist wichtig, ein Muss. Welche Konsequenzen hat meine Unterschrift? Bittere, akzeptable? Keine Ahnung. Abwarten. Schluck! Eine Sekretärin die, die unterschreibt, was sie nicht versteht. Weißt du Ciana, es gibt Situationen im Leben, in denen man keine Wahl hat und steht dumm da. Dass erfahre ich deutlich hier. Wie oft haben die Menschen vor mir gestanden und das gleiche getan. Ich fand es unmöglich. Ich dachte nur, verstehen sie die Bedeutung einer Unterschrift nicht. Ich muss jetzt das Gleiche tun. Ich muss es so nehmen und akzeptieren wie es ist. Das Ausländeramt bezahlt für uns die Wohnung, ich bin sehr dankbar dafür. Die Anmeldung muss ich auch da machen. Ich muss dahin. Wo ist das? Huuu, Ich muss auf die Landkarte gucken, am vorbei gehen habe ich eine gesehen. Sie hängt am Straßenrand. Ich habe noch nie auf einer Landkarte einen Ort oder Weg gesucht. Glücklicherweise ein Passant hat mir geholfen das Gebäude zu finden. Viele Menschen sitzen drin, wir müssen lange warten. Alles ist für Joy und Lucien aufregend. Sie wollen überall hingucken. Endlich sind wir dran.

„Please Comes in. Ich bin erleichtert, der Beamte spricht Englisch.

Ihre Reiseausweise und den Wohnungsvertrag bitte.

Zu meiner großen Überraschung sagt er zu mir:

Hier, eine Liste von Sachen die sie abholen dürfen für die Wohnung. Sie müssen nicht dafür bezahlen. Adressen und Namen sind angeführt.

Hier, eine zweite Liste für die Wohnungsmöbel. Sie sind gebraucht. Die Adresse steht darauf. Sie werden nur die Papiere zeigen und können sich aussuchen, was sie brauchen und möchten.

Gehen sie bitte zu meiner Kollegin, sie hilft Ihnen, ein Formular auszufüllen. Das Formular ist für das Geld, um Sommer- und Winterkleidung zu kaufen.

Wenn Sie für Lucien einen Schulplatz gefunden haben, kommen Sie bitte wieder her. Von der Schule, bekommen Sie eine Schulmaterialliste. Bringen Sie die bitte mit. Sie erhalten das Geld, um es zu besorgen.

– Haben Sie Fragen?

– Ja, wie wird die Wohnung bezahlt?

– Sie haben damit nichts zu tun. Das Geld geht jeden Monat direkt auf das Konto des Vermieters.

– Wo muss ich hin, um das Geld für Sommer-, Winterkleidung und für die Schulmaterial abzuholen?

– Also, Sie sollen bitte bei einer Bank ein Konto öffnen.

Wenn Sie das Konto haben, kommen Sie bitte wieder her. Wir registrieren es und dann bekommen Sie das Geld auf Ihr Konto. Wir geben kein Bargeld.

– Können Sie mir bitte sagen, wo?

– Hier können Sie fragen. Auf dem Zettel steht „Sparkasse". Danke.

– Wie finde ich einen Schulplatz für Lucien und einen Kindergartenplatz für Joy?

– Kommen Sie bitte mit vor der Tür.

– Fragen Sie bitte nach, da wo die Kollegin reingegangen ist.

– Sie können heute noch warten und nachfragen oder an einem anderen Tag kommen.

– Vielen Dank.

Vom anderen Büro habe ich einen Zettel mit der Adresse von Schule und Kindergarten bekommen. Für den Schulplatz und Kindergarten gab es überhaupt keine Schwierigkeiten.

Es ist glatt gelaufen. Der Kindergarten ist vor der Tür. Lucien muss länger laufen, um die Schule zu erreichen. Wieder ein Schritt nach vorne. Die Stadt ist nicht die, die ich mir gewünscht habe. Ich muss damit leben, erst mal.

Das Viertel, wo wir wohnen, ist schlecht. Gefährlich für eine alleinerziehende Mutter mit zwei kleinen Kindern. Die Wohnung ist auf der vierten Etage, unter dem Dach. Alles unsere Nachbarn sind Obdachlose, was ich nicht wusste. Wenn es auch gewusst hätte, hatte ich keine andere Wahl. Ich hatte zwei Möglichkeiten, da wohnen oder im Container bleiben. Im Container war noch schlimmer. Jetzt kann ich umschauen. Wir sind Richtung Normalität. Allerdings müssen wir vorsichtig sein. Es gibt kein Aufzug im Hause. Die Wohnung besteht aus zwei kleinen Zimmern, einer kleinen Küche und einer kleinen Toilette mit Bad. Es gibt noch einen kleinen Speicher. Der Speicher wird schnell zu einem Spielzimmer. Die Wohnung ist kleine und in einem schlechten Zustand, aber besser als ein Container. Ich muss sie renovieren. Das heißt auch viel Renovierungsmaterial kaufen. Schwierig. Sie ist in der Nähe vom Bahnhof und dem Stadtzentrum, was uns ein großer Vorteil ist.

Ciana, seit einer Woche wohnen wir hier. Nach und nach haben wir unsere Nachbarn gesehen. Manchen setzen auf der Straße. Weißt du, sie haben auch ungepflegte Hunde. Ich habe die Waschmaschine im Keller stehen. Apropos Keller, glücklicherweise, die Geschäft Leute, wo ich die Waschmaschine gekauft habe, waren so nett und haben sie bis zu mir transportiert. Sie haben gefragt, ob die Maschine im Keller abstellen sollen. Ich habe mit großen Augen angedeutet, dass ich sie nicht verstehe. Einer ist im Haus reingegangen und hat mir den Keller gezeigt. Sie können nicht mit mir kommunizieren. Ich folge ihnen mit den Augen, um zu sehen, wohin sie die Maschine hinbringen. Sie sind weggegangen. Ich bin reingegangen, um zu sehen, wie da drin aussieht. Das erste Mal habe ich einen Keller gesehen. Du weißt ja, wir haben in Ruanda keinen Keller, keine Hochhäuser. Die Hochhäuser sind Hotels, Ämter und manchmal Betriebsbüros.

Für Joy und Lucien ist unerträglich, die ganze Zeit in der Wohnung zu bleiben.

Sie haben immer draußen gespielt und sind auf die Bäume geklettert. Ich bin mit ihnen rausgegangen, um die neue Umgebung zu erkunden. Hier ist Ferienanfang. Ich sehe die Kinder hier spielen und denke, die Eltern kennen sich deswegen spielen sie zusammen. Wir sind ein paar Schritte weitergegangen. Ich sehe ein Schild vor mir. Darauf steht geschrieben: „Kinderspielplatz", ich habe das nicht ganz verstanden, aber das Wort „Kinder" hatte ich schon im Container gelernt. Ich sehe noch Kinder dahin kommen. Jetzt weiß ich, dass alle Kinder auf diesen Platz spielen dürfen.

Der Container stand in einem abgelegenen Ort. Wir hatten keinen Kontakt zu anderen Menschen, deswegen kennen wir die Spielplätze nicht.

Wir wohnen direkt gegenüber einer katholischen Kirche. Die Glock läuten mehr Mals in einer Stunde. Sie sind richtig laut. Es ist störend! Das erinnert mich an das Viertel, in dem wir in der Kriegszeit wohnten. Das Viertel war vor dem Internationalen Flughafen Kigali. Die Flüge und Landungen von Flugzeugen hörte nie auf. Mit der Zeit haben wir uns an ihren Lärm gewöhnt. Der Mensch passt sich alles an.

Ciana, bei uns ist es um achtzehn Uhr plötzlich dunkel. Um sechs Uhr morgens ist es wieder plötzlich hell, das ganze Jahr durch. Es gibt keine Änderungen. Hier, jetzt im Juni, ist es noch bis zweiundzwanzig Uhr hell. Um vier Uhr morgens ist es schon hell. Im Winter ist es umgekehrt. Um fünfzehn Uhr ist schon dunkel und morgens, wenn die Kinder zur Schule gehen, ist es noch dunkel. In den vier Jahreszeiten ändert sich vieles. Wir brauchen Zeit, um uns alle dran zu gewöhnen. Wo du bist, ist das gleich oder anders?

Ich habe jetzt Möbel und die wichtigsten Sachen, die ich brauche. Lucien geht zur Schule und

Joy in den Kindergarten. Joy ist jetzt fünf Jahre alt. Das ist das erste Mal, seit wir in Deutschland sind, dass sie ohne mich irgendwo hingeht. Ich lerne die Deutsch Sprache richtig. Ich möchte Lucien helfen mit den Hausaufgaben. Lucien braucht viel Kraft und Zeit, aber auch Ausdauer. Er fängt mit der zweiten Klasse an. Er lernt die Sprache und gleichzeitig Lesen und Schreiben. Es ist nicht nur das. Die anderen Fächer sind auch dabei, er muss versuchen, zu verstehen, was unterrichtet wird. Wir schon erzählt, wir finden weiterhin die Deutsch Sprache von Klang her und Aussprache lustige. Es hilft ihm, auszuharren. Nach einem Jahr hat er einen großen Sprung nach vorne gemacht. Dadurch, dass er kontaktfreudig ist, hat er schnell Freunde gefunden. Mit Joy lerne ich mehrere unterschiedliche Feste kennen, die im Kindergarten gefeiert werden. Fast jeden Tag hat ein Kind Geburtstag, dazu kommen kirchliche Feiern. Es wird gegessen und gebastelt. Das Basteln ist mir neu, wir haben in der Schule nicht gebastelt. Das ist sehr schön, es fördert den Bildungsprozess. Joy ist schüchtern, sie geht nicht zu Fremden. Nachts schläft sie immer mit meiner Hand in ihrer. Nach drei Monaten im Kindergarten erkenne ich meine Tochter nicht mehr. Sie ist laut. Sie ist ständig am hin und her rennen, hüpfen. Auf der Straße ist sie schwer ruhig zu halten. Allerdings hat sie Schimpfen, Ausrasten und ständig „Nein" sagen schnell gelernt. Die Polizei-Notfallnummer kennt sie auch. Ihre Haare sind geflochten. Jeden Tag, wenn ich sie vom Kindergarten abhole, sie sind voll Sand, ärgerlich. Nach nur einem Monat habe ich so viele Papiere, dass ich nicht weiß, wohin damit. Nicht nur für mich, auch für Kinder. Weißt du, wenn ich einen Brief bekomme, gehe ich einfach zum Absender und frage, was sie mir geschrieben haben. D. ist in Deutschland, mein geistiger Geburtsort. Da habe ich den wahren Gott kennengelernt. Da habe ich wahre Freunde gefunden. In D. habe ich auch einen wundervollen Menschen kennengelernt, sein Name ist „Michael". D. ist für mich eine Quelle von unvergesslichen Erinnerungen. Dort sah ich wieder ängstliche Sonnenstrahlen, die unser dunkles Leben durchbohrten.

Ein Jahr haben wir hier in dieser Stadt gewohnt. Von 1. Juni 2000 bis 1. August 2001.

Große Verantwortungen bedeuten große Taten

Jetzt am 1. August 2001 ziehen wir um. Weißt du, die Stadt, in der wir leben werden, ist größer als die, die wir gerade verlassen haben.

Sie ist eine kosmopolitische Stadt. Sie hat eine sehr bekannte Universität, dadurch kommen viele Studenten von überall hierher. Es ist eine richtige Herausforderung. Die Angaben sind mit Abkürzungen geschrieben. Ich habe um Hilfe gebeten. Was meinst du, wie viele Immobilien und private Leute habe ich angerufen. Ich weiß nicht mal die Zahlen. Eine Wohnung zu finden, ist eine Leistung. Die meisten Besitzer wollen keine Mieter mit Kindern. Sie sagen, dass die Kinder laut sind, stören, und Sachen kaputt machen. Manche wollen keine Ausländer. Manche Vermieter wollen keine Sozial- oder Jobcenter-Empfänger. Sie wollen Leute, die eine Arbeit haben. Es gibt auch Vermieter, die keine Mieter wollen, die nicht Deutschsprachige sind. Für manche, die Alleinerziehende sind nicht die Mieter die, die wollen. Sie meinen sie werden die Freunde oft wechseln, was zu Problemen führt. Es ist dreifach kompliziert für mich. Ich befinde mich unter diesen Kategorien. Am Ende habe ich einer Bekannten erzählt, dass ich alles versucht habe, eine Wohnung zu finden, ohne Erfolg. Sie hat nur gesagt: „wieso hast du nichts gesagt? Mit zwei Kindern, Ausländer. Das kann ein Jahr dauern. Ich komme morgen, wir setzen uns ans Telefon und rufen für die passenden Wohnungen an. Morgen stehen bestimmt welche wieder in der Zeitung drin." Sie ruft geduldig eine Nummer nach der anderen an. Sie wollte aufgeben, aber zu meiner großen Freude hat ein Vermieter zugesagt. Mit ihr haben sie zumindest geredet. Ich hatte Kopfschmerzen gehabt. Ich hatte noch nicht einmal den Satz beendet, hatten schon sie schon das Telefon aufgelegt. Jedes Mal wie abgesprochen dieselben Fragen: Hat sie Kinder? Wie alt sind sie? Was arbeitet Sie? und dann kommt: „Tut mir leid." Es gibt unterschiedliche Gründe, worum es nicht geht. Ich habe mich bei dem Bekannten sehr bedankt. Für das nächste Mal weiß ich Bescheid.

Dieses Mal habe ich die Wohnung besichtigt. Sie ist groß genug für uns drei, in einer abseits gelegenen Straße. Mir ist wichtig, dass die Stadt schnell zu Fuß zu erreichen ist und dass die Schulen für Lucien und Joy in der Nähe sind. Die Freunde haben uns beim Umzug viel geholfen. Ich muss in der Wohnung nichts machen, sie ist schon renoviert. Weißt du Ciana, hier muss man in der Wohnung oft, vieles tun, wenn man umzieht. In D. war es eine riesige Herausforderung.

Wir kennen uns die mit der Renovierung nicht aus. Das machen die Männer. Das gleiche mit Möbel zusammenstellen. Hier muss man alles selbst montieren und renovieren. In Deutschland kostet ein Umzug viel Geld, Zeit und Kraft. Hier sagen die Leute, dass wenn man oft umzieht, davon arm wird. Man muss auch fast überall Kaution bezahlen. Das heißt mindestens drei Monatsmieten. Das kennen wir auch nicht.

Lucien und Joy gehen in der gleichen Schule. Hier ist Joy eingeschult worden, Luciens war in Container. Hier ist die Einschulung ein Fest für das Kind. Die kleine bekommen eine Schultüte. Die Schultüte wird traditionell mit Süßigkeiten und Spielsachen gefühlt. Passend sind aber auch nützliche Geschenke, die das Kind für die Schulzeit braucht.

Buchstabenkekse eignen sich gut zum Füllen. Brotdose und Trinkflache für den Pausensnack kann man auch reintun. Es auch neue für uns. Was wohltuend ist das ich die Schule kostenfrei ist. Die Kinder tragen keine Uniformen, die sonst ich kaufen müsste. Sie dürfen auch für die Schule ihre Haare behalten, ich flechte Joys Haare und Lucien bekommt eine Frisur. Wie ist bei euch? Die Schule ist fünf Minuten zu Fuß von uns entfernt. Es ist angenehm für uns drei. Ich begleite Lucien und Joy jeden Morgen auf dem Weg zur Schule. Weißt du, Liebes, in Ruanda konnte ich nicht mehr weinen. Aber jetzt, laufen mir die Tränen herunter, überall. Ich kann sie nicht mehr schlucken oder unterdrücken. Jeden Morgen, auf der weg zu Schule, wenn ich mich von den beiden verabschiede, weine ich bitterlich. Lucien nimmt die Hand von Joy, sie gehen über die Ampeln und winken mir zu. Ich folge ihnen mit den Augen, bis ich sie nicht mehr sehen kann. Ich denke dabei, was wäre, wenn ich nicht mehr da wäre oder mir etwas passiert? Sie haben keine Familie, keine Bekannten. Wir sind allein in diesem Land. Sie sprechen und verstehen die Sprache nicht. Sie können nicht einmal um Hilfe bitten, sie sind noch klein. Nach einiger Zeit habe ich mich gefangen. Ich habe doch mir versprochen, meine Kinder zu schützen und ihnen beizustehen, deswegen sind wir hierhergekommen. Du weinst, du bist traurig, du machst dich krank, danach kannst du dich nicht mehr um sie kümmern und schützen. Freue dich doch, ihr habt es geschafft. Guck mal, welche Möglichkeiten hast du denn? Ab in die Arbeit. Du musst stark sein, freudig sein, fleißig sein, so gibst du Lucien und Joy ein gutes Beispiel. Hör auf dich zu bemitleiden, sage ich mir wiederholt, um mich zu motivieren. Siehe da! Ich fühle mich besser und fange ich mich über was, wir zusammen bis jetzt geschafft haben, wirklich zu freuen.

Ich wurde von negativen Ideen fast verschlungen.

Lucien hat Joy sehr früh in Schutz genommen. Er ist für seine Schwester immer da, wenn jemand ihr etwas antun versucht. Er verteidigt sie überall und in allen Situationen. Joy ist stolz auf ihren Bruder und gibt damit an. Lucien hat schon früh verstanden, dass er der große Bruder ist. Er will Mama helfen. Ich habe nie darüber gesprochen. Er hat auch nie Fragen gestellt wie: wo ist der Papa oder wieso ist er nicht da? Warum sind wir hierhergekommen oder ähnliches. Er sagt oft zu mir: „Mama, ich werde dich reich machen." Er versteht, dass etwas fehlt. Er liebt Autos sehr. Jeden Sonntag gehen wir, wir drei das Autohaus Audi-Fleischhauer besuchen. Wir leben schon seit einem Jahr in Deutschland. Es wird Zeit für die Integration. Wo gibt es was? Wie macht man das? Wer ist das? Was bedeutet das?

Ich habe eine Möglichkeit, einen Integrations-Deutsch-Kurs zu besuchen. Die Stadt trägt die Kosten. Der Kurs dauert sechs Monate. Von Montag bis Freitag habe ich Unterricht. Er ist von Informationen über Deutschland ergänzt. Es ist schon anstrengend, aber schön. So kann ich die Kinder bei ihren Hausaufgaben unterstützen und in Alltag langsam recht kommen. Meine Hausaufgaben warten auch. Zusätzlich haben wir hunderte Termine bei Ämtern, Schule und Ärzten. Dazu kommen Haushaltserledigungen. Mit der Hilfe des Jugendamtes habe ich einen Platz in einem Hort gefunden. Sie sollen nach der Schule dahin gehen und Unterstützung bei den Hausaufgaben bekommen. Sie haben die ganze Woche die Hausaufgaben nicht geschafft, weil sie keine Unterstützung bekommen haben. Keiner guckt, was sie machen. Wenn sie fragen, bekommen sie keine Antwort. Sie verstehen ja, die Sprache nicht. Sie erzählen mir, was die anderen Kinder da machen. Sie benehmen sich nicht, sie haben keine Disziplin. Ich bin empört. Nach einer Woche muss ich sie leider da abmelden und selbst versuchen, ihnen zu helfen. Mein Unterricht kommt dann zu kurz. Ich habe mit meiner Klassenleiterin gesprochen. Ich darf nach Hause gehen, wenn sie früher Schulschluss haben. Sie sind fleißig. Sie geben ihr Bestes. Sie sind bemüht, ihre Hausaufgaben zu machen. Es ist schwer, Joy zum Essen zu bewegen, wenn sie ihre Hausaufgabe noch nicht fertig hat. Ich muss die beiden nicht motivieren. Ich bin froh darüber. Ich bin auch glücklich, dass sie freundliche und engagierte Lehrerinnen haben. Sie helfen gerne und sind geduldig mit ihnen auch mit mir. Sie sprechen gut Englisch. Es ist für mich angenehm und ein Gewinn. Sie kommunizieren ausführlich mit mir, so kann ich besser das deutsche Schulsystem, das sich von dem belgischen, in dem ich gewachsen bin unterscheidet.

Die sechs Monate sind vorbei. Ich habe den Deutschkurs bestanden.

Ich habe eine Basis, darauf kann ich bauen.

Unsere Namen sind ein Rätsel für die Behörde. Weißt du, wir haben keinen definierten Familiennamen. Ich muss immer wieder erklären, dass jedes Mitglied einer Familie, sein Nachname hat. Sie zu überzeugen, dass Lucien und Joy meine Kinder sind, ist kompliziert. Sie wollen immer wieder offiziellen Nachweise Dokumenten haben. Genau diesen Beweisdokumente fällen mir. Hier haben wir glücklicherweise Unterstützung durch die Stadt. Wenn es um Geld geht, es ist selbstverständlich das die Nachweise Dokumenten erforderlich sind, um zu erfahren wie viele Kinder man hat, wie alt sie sind. Es ist ärgerlich, jedes Mal hören zu müssen, dass ich beweisen muss, dass Joy und Lucien meine Kinder sind. Je nachdem wer vor mir sitzt, diesen Fragen sind manchmal wirklich unangenehm, fast unerträglich für mich. Es weckt Trauerüber meine Vergangenheit, die ich versuche hinter mir zu lassen. Auf der anderen Seite kann ich sie mittlerweile verstehen. Mehrere hilfebedürftige Menschen missbrauchen diese wunderbaren Staatliche Beistand. Sie lügen über die familiären Status, z. B. wer ist ein eigenes Kind, welches Kind ist von verwandt, ist ein Kind volljährige oder nicht. Wer die Wahrheit sagt hat schlechte Karten aber die Lüge steht keinem an die Stirn geschrieben. Ich muss damit leben, es geht nicht anders.

In der Schule sind Schwierigkeiten entstanden, nicht durch Lehrer, sondern durch Luciens Klassenkameraden: „Rassismus".

Ich habe schon früh immer wieder versucht Lucien in einfacher Kindersprache zu erklären, dass er der werden wird, der er sein will. Dass was andere über ihn denken oder sagen unwichtig ist. Dass seine Hautfarbe bedeutungslos ist. Dass wichtig ist, was er denkt und sein Eifer. Sich auf die Hautfarbe zu konzentrieren, ist unklug, weil man sich selbst im Weg steht. So kann man schwer seine Ziele erreichen. Trotzdem ist es schwer für ein Kind, mit Rassentrennung zu leben. Er ist so weit, dass er sich wünscht Deutschland zu verlassen. Es war seine erste Frage in Bezug auf unsere Situation: „Mama, können wir nicht irgendwo anders hinziehen?" Er ist so traurig, fertig. Er hat bis heute alles ertragen. Es geht nicht mehr. In der Zeit, wo wir in dem Container wohnten, war er das einzige farbige Kind auf der Schule. Jetzt wieder Vorurteile. Daraufhin antworte ich: „Wir brauchen ein Land den uns aufnimmt". Wir können nicht überall hinziehen, wie wir es wollen. Ich hatte diesen Wunsch schon, aber nicht mit Lucien und Joy darüber gesprochen. Von jetzt an bin ich entschlossen, Deutschland zu verlassen. Ciana, aufgrund schrecklicher ethnischer Vorurteile mussten wir unser eignes Land verlassen, unzählige unschuldige Menschen haben in diesen Konflikten ihr Leben verloren. Das gleiche Szenario wiederholt sich hier. Lucien hat sich ermuntern lassen, wieder zu Schule zu gehen. Ich habe mit seiner Lehrerin gesprochen. Sie ist bemüht zu tun alles was sie kann, um ihn zu schützen.

Es ist ruhiger geworden.

Ciana, stelle dir vor, ich habe die Möglichkeit nach Kanada –, Quebec zu gehen. Ich habe Lucien und Joy noch nichts gesagt. Es soll eine Überraschung sein. Ich bin glücklich. Da brauche ich die Sprache nicht zu lernen, sie sprechen Französisch. Ich kann eine Ausbildung machen und später arbeiten. Der Winter ist da hart und lang, aber das macht nix, wir werden uns warm anziehen müssen. Ciana, an den Winter habe ich mich bis jetzt noch nicht gewöhnt. Mir ist immer kalt. Paradox ist, dass ich die Winterjahreszeit mag. Die Luft ist trocken, frisch und rein. Im Vergleich zum schwer ruandischen tropischen Klima. Marie wohnt dort mit ihrer Familie. Sie hat mir geholfen, durch den kanadischen Hochkommissar für Flüchtlinge einen Weg zu finden. Sie freuen sich auf uns, wir auf sie. Wir werden zur Sommerzeit, Juni-Juli, dahinfliegen. Ich fange schon an, die wenigen Sachen, die wir besitzen zu verschenken.

Es ist Abend, das Telefon hat geklingelt. Das ist Michael, von dem ich dir erzählt habe, den ich in D. kennengelernt habe. Eine aufregende Überraschung. Er fragt, ob ich einverstanden wäre, uns näher kennenzulernen!

Ciana, ich weiß nicht was ich sagen soll. Alles ist durcheinandergeraten. Soll ich mich freuen? Bin ich traurig? Ich weiß es echt nicht. Ich kann keinen nach Rat fragen, ich muss selbst entscheiden. Meine Antwort ist: „Ich muss darüber nachdenken." Diese Entscheidung ist bedeutsam für das Leben meiner Kinder und meins. Es ist eine der schwierigsten Entscheidungen, die ich bisher getroffen habe.

Ich habe hin und her überlegt, nach ein paar schlaflosen Nächten ist die Entscheidung gefallen. Ich möchte ihn näher kennenlernen.

Ciana, kaum zu glauben, wir bleiben in Deutschland. Stelle dir vor, wir sprechen Deutsch und später werden wir auch Deutsche, wenn wir es dürfen. Nichts im Leben ist unmöglich. Lucien und Joy haben von Änderungen erfahren. Obwohl sie wegwollten, freuen sie sich riesig, weil sie Michael schon mögen. In

Deutschland bleiben bedeutet für mich jedenfalls, eine Ausbildung zu machen, um später arbeiten zu können. Die Kinder sind noch klein, ich möchte mit großen Aktivitäten später anfangen. Ich möchte mir genug Zeit lassen, um Lucien und Joy auf dem Weg ihres Wachstums zu begleiten. In schulischen Hausaufgaben und in ihrer Entwicklung überhaupt, brauchen sie permanent Beistand. Inzwischen hat sich Lucien wieder von seiner Mutter ermuntern lassen. Einfach den rassistischen Schulkameraden zu zeigen, dass ihre Handlungen und ihre bösen Äußerungen ihn nicht treffen. Er soll ihnen gegenüber nett sein, obwohl sie böse sind. Die Lehrerin hat mit denen gesprochen. Er muss zu ihr kommen, wenn etwas ist und es sagen. Er ist tapfer. Es funktioniert so gut, dass er angefangen hat, Fußball zu spielen. Er spielt so gut, dass sie ihn in einen Verein aufnehmen wollen. Er will gerne, aber ich fürchte, dass eine Welle von Bedrohungen und Mobbing auf ihn fallen. Er hat es eingesehen, er ließ es fallen. Wir sind am Ende des Schuljahrs, er hat ein Zertifikat als Klassen Friedenstifter bekommen. Wir freuen uns, dass er es geschafft hat, die Situation, die für ihn äußerst schwer war, zu meistern. Ich nehme an mehreren Informationsveranstaltungen der Behörde teil. Herauszufinden, wo anfangen, zu welcher Ausbildung bin ich geeignet, es schwer. Das Schulsystem Deutschlands ist komplett anders strukturiert als das belgische. Ich muss zuerst verstehen. Es ist vor allem sehr wichtig für die schulische Laufbahn der Kinder. Auf der Suche stoße ich auf eine unüberwindbare Mauer. Es fehlen mir Schulbesuchsbescheinigungen. Ich habe in der Kriegszeit alle verloren.

Meine Liebe, wie ich dir schon erzählt habe, kehrte ich nach einem Jahr zurück nach Kigali. Alle Dokumente waren vernichtet. Vier Jahre lang habe ich alles versucht, um an eine Schulische Nachweise zu kommen, ohne Erfolg.

Erinnerst du dich? Ich habe dir erzählt, dass Im Asylantenheim in Dortmund, nach nur drei Wochen, eine unbefristete Aufenthaltserlaubnis hatten. Überall, wo wir die Ausweise zeigen, höre ich den berühmten Satz: „Alle Türe stehen euch offen" aber überall, wo ich klopfe, alle Türe bleiben mir verschlossen. Ich führe fast jeden Tag hunderte Telefonate. Ich lasse mir Termine geben und erkläre aufs Neue meine Situation. Obwohl die Behörde meine ganzen Interviews haben, interessieren diese keinen Menschen. Ich habe einen Rat bekommen, bei der Regierung anzurufen. Die Beamtin sagt zu mir: „Ihre Geschichte ist nicht relevant". Sie fügt hinzu: „wenn Sie zur Schule gehen wollen, um einen Schulabschluss zu machen, vorher müssen Sie eine Deutsch-Prüfung machen und diese bestehen. Danach dann die anderen Prüfungen in den Hauptfächern machen". Alle Prüfungen sind auf Deutsch. Dadurch können sie mich einstufen. Sie können mir dann sagen, in welche Klasse ich gehen soll. Es ist für mich unmöglich. Wie kann ich die Prüfungen bestehen, ohne die deutsche Sprache zu beherrschen? Zweitens, ich habe zwei kleine Kinder, die gerade mit der Schule in einem fremden Land anfangen. Drittens, wenn ich mit allem fertig bin, habe ich das doppelte Alter erreicht. Dass, und dazu ohne Erfahrung, keiner würde mich einstellen. Es lohnt sich nicht mehr! Ciana, ich bin so verzweifelt. Ich würde gerne. Ich möchte nicht weiter von der Unterstützung der Stadt leben. Ich habe mein ganzes Leben gearbeitet. Ich muss aber so es hinnehmen, weil ich, nichts daran ändern kann. Es lässt sich nicht ändern, schade. Andererseits kann ich es nicht verstehen. Die Behörde und die Menschen beschweren sich, dass manche Leute finanzielle Hilfe kriegen wollen, aber nichts tun wollen. Ich will arbeiten, aber die Türen bleiben mir verschlossen.

Ein Witz für ein Leben

Lachen.
Lachen sie sich glücklich und gesund!
Lachen ist eine Medizin.
Sie ist kostenlos und frei von Nebenwirkungen.
Je länger und je öfter man lacht, desto intensiver sind die Effekte und sie sind erstaunlich heilsam. Lachen tut gut. Wissenschaftliche Untersuchungen bestätigen positive Wirkungen

auf die psychische Gesundheit. Gelotologie nennt sich das neue Fachgebiet, das die Auswirkungen des Lachens auf die körperliche und psychische Gesundheit untersucht. Wer jedoch heilsame Wirkung des Lachens nutzen will, muss bewusst Reize suchen, die zum Lachen anregen. (Welt. Wissenschaft Medizin, veröffentlicht am 16.05.2007)

Auf unserem holprigen Lebensweg, die Kinder und ich lachen von Herzen viel. Jeden Tag mehr. Wir verstehen die Sprache nicht. Viele Dinge im industrialisierten Europa haben wir noch nie gesehen, gehört oder erlebt. Wir lachen über unser unzähliges Fehlverhalten, Missverständnisse, Sprachversuche, nicht wissen, wie man etwas bedient etc. Das hält uns gesund. Es hilft uns, die Lebensfreude nicht zu verlieren.

Fröhliches Begrüßungslachen öffnet Türen.

Verlegenes Lachen lässt Fehler oder Unsicherheiten weniger schwer wiegen. Entschuldigendes Lachen hilft, Missstimmungen aus der Welt zu schaffen.

Lachen klingt überall auf der Welt gleich, auch wenn sich Gestik und Mimik von Land zu Land unterscheiden.

Lächeln
Nicht nur das Lachen, sondern auch das einfache Lächeln bewirkt bereits sehr viel positives im Körper. Außerdem wirkt der Mensch durch ein Lächeln nach außen hin sympathischer, was wiederum eine entsprechend freundliche Reaktion anderer Mitmenschen auslöst. Wenn andere lächeln, hat das immer eine positive Wirkung auf uns. Wir fühlen uns wertgeschätzt und lächeln wir zurück.

Überall auf der Welt weiß man in jedem Land, was ein Lächeln bedeutet.

Für viele Dinge, die wir anfangs komisch, außergewöhnlich und aufregend fanden, haben wir längere Zeit gebraucht, um uns daran zu gewöhnen.

z. B.:

» Pünktlichkeit
» beim Namen die Vornamen zuerst
» Ein Familienname für alle Familienmitglieder
» Sich im Geschäft auf Laufbänder stellen und sich fahren lassen.
» Einkaufen ohne Sprachkenntnisse, Einkaufswagen
» Sich in Reihen anstellen und warten
» Einen Geldautomaten zu bedienen
» Sich anzuschnallen, wenn man im Auto sitzt
» Sich vom Wecker wecken lassen
» Die Zahlen von hinten lesen
» Zum Zahnarzt zu gehen
» Luftballons aufblasen
» Kinderwagen fahren
» Wie man eine Waschmaschine bedient.

Im Container, wo wir anfangs gewohnt haben, haben wir die Menschen begrüßt und sie haben überhaupt nicht reagiert, stattdessen haben sie uns angeguckt, als ob wir Autos wären! Unsere erste Zugfahrt, einsteigen, aussteigen, Fahrscheine kaufen, war ein richtiges Abenteuer mit unbeschreiblichen Ängsten und Unsicherheit.

Manche Dinge sind in Erinnerungen geblieben oder dienen heute noch als Souvenirs, z. B.:

» der erste Wecker, Sony
» die erste Schokolade, „Toblerone"
» die erste Sommerbettwäsche (Container)
» das maximale Heizen auch im Sommer
» dass zehn Minuten Huhn kochen
» die Einschulung, Schultüte

Das sind Beispiele von vielen Herausforderungen, die wir bewältigen mussten.

Mit der Zeit haben wir uns eingefunden, in allem dran gewöhnt. Wie schnell man neue Dinge lernt und einpasst. Wie schnell man vorige Dinge verlernt und vergisst. Immer wieder stelle ich fest, dass es kein Zurück mehr in unser voriges Leben gibt, auch wenn ich es manchmal wirklich will, es vermisse.

Wir wohnen hier schon zwei Jahre. Das Kennenlernen mit Michael schreitet voran. Ciana, ich habe mich entschieden wieder zu heiraten. Kannst du dich mich als Braut vorstellen? Ich möchte eine ganze normale ruandische Tracht anziehen. Ich musste lange suchen, bis ich etwas gefunden habe. Es ist aufwendig, die Stoffe zu finden.

Meine Liebe, ich bin so weit. Heute ist den siebten Juli zwei Tausend drei, der Tag, an dem ich das „_Ja_"-Wort gebe.

Ciana, ich bin glücklich. Lucien und Joy sind auch glücklich. Was soll ich sagen? Du fehlst mir wieder. Wer macht mir die Haare? Wer schminkt mich? Wer guckt, ob ich überhaupt ordentlich angezogen bin?

Ich muss um alles selbst kümmern. Ciana, du weißt doch, dass in unsere Kultur, jede Frau, die heiratet, Ratschläge von der Mutter, Tante, Großmutter oder der wahren Freundin bekommen muss. Ich stehe jetzt da und ich habe keine. Schade. Ich stelle mir Fragen und muss persönlich antworten. Furchtbar oder. Ich bin aufgeregt wie ein kleines Kind. Ich habe mir gewünscht, dass du neben mir sitzen würdest und hunderte Witze erzählst, um mich aufzulockern. Hättest du mich an unsere letzte Nacht vor meiner ersten Hochzeit erinnert. Weißt du noch? Wir haben nicht geschlafen. Plaudern, plaudern! Lachen ohne Ende und Hochzeitstheater vorgespielt. Es ist lange her. Wir waren noch jung und naiv. Wir hatten die Dornen des Lebens noch nicht im Leib verspürt. Heute sind die Jahre vergangen. Jetzt uns Leben ist dornenreich. Je die Zeit vergeht, desto werden die schärfer. Wir tragen die Narben, die Spuren, die Wunden, die wir von diesem Leben abbekommen haben. Ist Charles noch am Leben? Ich wünsche mir vom Herzen eine Nachricht von dir.

Nach einem Jahr ziehen wir nach D zurück. Michael wohnt da. Wenn wir gewusst hätten, hätte wir dageblieben. Wir müssen zwei Wohnungen zu einer machen. Viele Sachen wegschmeißen, andere verschenken. Unsere Sachen von hier nach D. transportieren ist mühsam. Wir sind zu dritt nach hier gezogen. Die neuen gekauften Sachen wollen wir aussortieren und verschenken, das ist auch zusätzliche Arbeit. Es war stressig, aber es ist geschafft. Die Wohnung ist in einem von den sozialen Hochhäusern. Sie ist von der Stadt. Ein paar Schritte von einer Hauptstraße entfernt. Es ist eine 3-Zimmer-Wohnung. Wir wohnen im Erdgeschoss.

Eine Liebe wird doppelt schön in seiner Zeit
Joy und Lucien

Ihr seid was besonders.

Ihr seid ein unvergleichliches Himmels Geschenk.

Ihr seid meine treuen Begleiter, in guten und schlechten Zeiten.

Als ich euch das erste Mal sah, es war in den bedrängten Zeiten.

Als ich euch das erste Mal sah, verschwand die Trauer, wurde mir warm im Herzen.

Als ich euch das erste Mal sah, wurde mein Gesicht von einem warmen Lächeln erleuchtet.

Als ich euch das erste Mal sah, habe ich euch in meine Arme geschlossen.

Als ich euch das erste Mal sah, es war ein heißer Moment der Freude.

Als ich euch das erste Mal sah, vergoss ich warme Tränen.

Als ich euch das erste Mal sah, war es wie in einem Traum.

Als ich euch das erste Mal sah, verstand ich, dass das Unmögliche nicht existiert.

Als ich euch das erste Mal sah, versprach ich, euch zu lieben, zu schützen, zu helfen, egal, was geschehen mag.

Ich nahm euch bei der Hand, um euch in die Zukunft zu begleiten.

Ich nahm euch bei der Hand, um euch Vertrauen in eure Schritte zu geben.

Ich nahm euch am Herzen, um euer Unglück sehr langsam zu lindern, ohne zu sprechen, ohne Scham.

Ich nahm euch bei der Hand und sang euch Melodien, damit ihr vor Einbruch der Dunkelheit schlaft.

Ich nahm euch am Herzen, wenn es ankam und tröstete euch.

Ihr gabt meinen Leben einen Sinn.

Ihr lerntet mich, das Leben zu lieben, und den Mut zu leben.

Ihr zwei Clowns, schön, dass es euch gibt.

Ihr zwei Clowns, einen herzlichen Dank für eure Liebe.

Ihr seid präsent in meinen Gedanken und nahe meinem Herzen, jeden Tag und Nacht.

Ich werde euch mein Leben lang lieben.

Ihr seid gegangen, ich werde mein Leben lang auf euch warten.

Mit schlagend Herzen warte ich auf diese wunderschöne Zeit.

KAPITEL DREI

Dankende empfang ich mit offenen Händen

Die Trauung findet in der Stadt D. statt. Ab heute wohnen wir da. Es ist eine kurze Zeremonie. Wir sind eine kleine, feine Gruppe. Die Hochzeitsfeier wird später stattfinden.

Um besser dich zu lieben
Michael

Ja, ja, ja.
Ja, vor Gott, vor Menschen,
Ja, für die Liebe, die du mir gibst.
Ja, für die Freude, für die Sorgen des Lebens und für die Gesetze, die uns binden.
Ja, ich verspreche dir, was auch immer passieren möge, bei dir zu bleiben.
Ich sehe in deinen Augen die Freude und den Frieden.
Ich höre eine Stimme in mir entstehen: „Mein Gott, bitte wahre auf unser Leben, schütze unsere Liebe."
Ja, vor Gott, nimm die Tage die mir noch bleiben, ich lege die in deine Hände.
Über alles, besser als jeder andere, ich werde dich immer lieben.

Zur Hochzeitsfeier haben uns die Freunde, die in Belgien leben, überrascht.
Sie haben ruandische Tracht an. Sie haben auch welche für uns mitgebracht. Wir haben uns gleich angezogen. Du hättest Michael und die anderen Freunde in ruandischer Tracht sehen sollen. Sie haben ruandische Lieder aufgeführt und getanzt.

Es ist echt lustig, eine geniale Idee. Es hat viel Spaß gemacht. Liebe Freundin, jetzt fängt ein neues Leben an. Neun Jahre habe ich allein mit den Kindern gelebt, alle Entscheidungen allein getroffen. Wir waren drei, heute sind wir vier.

Da, Lucien und Joy, Michael mögen ist alle Tage leicht. Die drei Spielen gerne, fast jeden Tag zusammen Fußball. Im Winter lassen sie sich nicht von Wetter abhalten. Sie spielen in ihrem Zimmer. Das Mittagsessen spielt eine große Rolle in unserer Familie. Es dauert lange. Lucien und Joy erzählen von der Schule. Wir hören ihnen aufmerksam zu. Wir antworten auf ihre Fragen, ermuntern sie und manchmal trösten wir sie auch. Langsam sprechen und verstehen sie mehr Deutsch als Kinyarwanda und Französisch.

Witze gehören dazu. Wir alle lachen gerne. Es gibt immer etwas zu erzählen.

Für die beiden geht die Schule weiter. Lucien geht in eine weiterführende Schule und Joy kommt in die dritte Klasse. Lucien muss eine kleine Strecke laufen. Joys Grundschule ist in einen Katzensprung. Sie wachsen weiter und werden selbstständiger.

An euch zwei liebe Menschen
Renate und Günter

Joy, Lucien und ich lernten euch kennen als wir noch bitter betrübt waren.
Ihr habt uns mit Liebe und Geduld empfangen
Ihr habt uns zu Hause den wir verloren hatten wieder gegeben.
Ihr habt uns akzeptiert, wie wir sind
Ihr habt euch für uns nicht geschämt
Ihr habt Joy und Lucien die Zärtlichkeit der Großeltern geschenkt
Ihr habt mir die Freude geschenkt, eure Schwiegertochter genannt zu werden
Ihr und euren lieben Kindern habt uns einen Platz gemacht mitten in eurer Familie

Ihr habt uns der Achtung den längst nicht mehr zu unser leben gehörte zurückgegeben
Ihr habt immer offen, wolle Hände für unsere Bedürfnisse
Ihr habt die Liebe, Selbstwertgefühl, die von Anfang an uns geschenkt habt,
bewahrt bis heute
Ihr habt uns die Angst, die uns Jahre lange begleitete mit volltuend Atmosphäre verjagt
Ihr habt uns mit die Familiäre Wärme bedeckt, die uns gestohlen wurde
Ihr habt uns eure Tür offen gehalten über die Jahre hinweg
Nun die Jahre vergehen, Luc wurde geboren und genießt die Wärme eurer Liebe
Ihr seid weder müde noch aufgehört uns zu lieben
Ich werde alles geben, um euch in unserer Mitte zu behalten leider kann das keiner
Worte können nicht die Tiefe meiner Dankbarkeit und Zuneigung für eure ganze Familie genau ausdrücken
Wir werden euch von herzen immer lieben

Führerschein

Ciana, stelle dir vor, mit vierundfünfzig Jahren, möchte ich Führerschein in Deutschland schaffen. Die Kinder werden langsam Teenager. Sie wollen zu Freunden, zu Veranstaltungen und Aktivitäten. Sie brauchen oft Fahrgelegenheiten. Er wird mir auch ermöglichen, leichter Besorgungen zu machen.

Ich muss am Fahrtunterricht teilnehmen, aber auch die Übungsbögen auf Französisch kaufen. Was für ein Glück, ich kann die schriftliche Prüfung auf Französisch machen. Ich lerne fleißig, es ist jede Menge Stoff. Kompliziert ist das schon. Von Ruanda aus kennen wir keinen Straßenverkehrsregeln. Sie sind zwar geschrieben, aber niemand hält sich daran. Wenn jemand erwischt wird, ist Bestechung eine effektive Hilfe. Erinnerst du dich an die Führerscheinprüfung im Nyamirambo-Stadion? Die meisten Leute, die dasaßen, haben für die, die sie bezahlt haben, die Prüfung gemacht. Die, denen der Führerschein gehörte, hatten keine Ahnung von den Straßenverkehrsregeln. Paul zum Beispiel, er hat die gelernt und damit seinen Job gemacht. Es war teuer, gutes Geld. Wenn ich dran denke, freue ich mich, dass wir noch am Leben sind. Hier lernen die Kinder diese Regeln schon in der Grundschule. Eltern bringen den Kindern die Straßenverkehrsregeln schon in Jugendjahren bei. Mit drei Jahren fangen Kinder an, Rad zu fahren. Fast jedes Kind hat ein Rad. Die Eltern begleiten sie und dabei erklären sie ihnen nach und nach die Regeln. Mit der Zeit können sie allein auf der Straße fahren. Nach so vielen Jahren in Deutschland muss ich mich daran erinnern, dass ich mich anschnallen muss.

Ich habe die mündliche Prüfung bestanden, es war Stress frei. Vor den Fahrtübungen habe ich Angst. Der Fahrlehrer will nicht glauben, dass ich das erste Mal vor dem Lenkrad sitze. Er sagt, dass die meisten Leute mit Freunden, Familie oder Bekannten üben, bevor sie die Fahrschule besuchen.

Ciana, ich bin aufgeregt. Ich habe heute die Prüfung. Der Prüfer ist da. Wir sitzen im Auto, ich bin gut gefahren. Der Prüfer sagt: „Die Fahrt endet hier." „Ich habe es geschafft", juble ich innerlich. Die Straße ist schmal und rechts und links stehen Autos. Da soll ich einparken. In dieser Sekunde, während ich fuhr, höre ich: Kraaaaaaaaaa. Ich habe den Rückenspiegel eines hier geparkten Autos berührt.

Der Prüfer sagt „Tut mir leid, Sie sind durchgefallen". Ich bin traurig. Ich möchte aber den Führerschein haben. Ich bleibe dabei. Ich versuche es noch mal. Es ist selbstverständlich mit Kosten verbunden.

Ciana, ich bin wieder aufgeregt. Heute versuche ich es wieder. Ich bin gut gefahren. Ich fahre in einer dreißiger-Zone. Ich habe eine kleine Straße übersehen und bin weitergefahren, obwohl da die Regel Rechts vor Links gilt. Ich musste anhalten, um zu sehen, ob noch ein Auto kommt. Oh, nein, schon wieder! Ich bin von mir selbst enttäuscht. Ich wiederhole mir, dass das, was ich geschafft habe, wie klein es auch sein mag, ein Gewinn ist. Es wird dir früher oder später dienen. Ich versuche es das letzte Mal.

Ciana, weißt du, heute den 20.07.2005 ist die Prüfung. Ich bin ruhig. Kommt, was kommen soll. Ich bin ruhig und gut gefahren bis zum Ende. Ich habe endlich die Prüfung bestanden. Es war wie nichts gewesen. Der Jubel ist an mir vorbeigefahren. Ich bin einfach erleichtert, dass ich mein Ziel erreicht habe. Unser Auto ist automatisch, ich habe den Führerschein in einem Auto mit Gängen gemacht. Der Übungsprozess geht weiter. Es ist aber leichter damit zu fahren als mit Gängen. Ich bin heute froh, dass ich für den Führerschein ausgeharrt habe.

Deutsche Staatsangehörigkeit

Mittlerweile wohnen wir zwanzig Jahre in Deutschland. Eine Rückkehr nach Ruanda ist unwahrscheinlich. Mit unseren Reiseausweisen dürfen wir überall hinreisen außer nach Ruanda. Wir müssen warten, bis die Regierung wechselt. Wir werden lange warten müssen. Jetzt sind sechsundzwanzig Jahre vergangen. Sie ist noch da. Die Situation, vor der wir geflüchtet sind, hat sich nicht geändert.

Michael möchte Lucien und Joy adoptieren. Wir haben einen Antrag gestellt mit den wenigen Dokumenten, die ich habe. Aktuell ist nicht mehr möglich. Wir müssen warten, bis die beiden selbst dafür oder dagegen sich entscheiden können. Das heißt, erst wenn sie vierzehn Jahre alt sind.

Weißt du, Ciana, in Deutschland ist die Staatsangehörigkeit von der Heirat unabhängig. Ich muss einen Antrag stellen. Ich war beim Ausländeramt. Ich habe Formulare bekommen mit einer Liste von allen geforderten Dokumenten. Eines davon ist ein Zertifikat, dass ich den politischen Test bestanden habe. Ein anderes ist das Zertifikat in deutscher Sprache, Stufe B1. Das ist erst mal ein Anfang. Ich muss dann für die beiden Zertifikate die Prüfungen bestehen. Das alles ist mit den Kosten und Zeit verbunden. Ich fange mit dem Deutsch-Zertifikat an.

Ich muss wieder anfangen zu lernen. Nach ein paar Monaten sage ich mir: „Du hast genug gelernt, mache die Prüfung einfach, danach guckst du weiter."

Meine Liebe, ich muss wieder zittern. Um acht Uhr morgens bin ich in der Volkshochschule. Da sind noch andere Leute. Eine kleine Gruppe. Die Namen werden aufgerufen. Die Prüfungsformulare verteilt. Bei der Führerscheinprüfung sind viele Leute da gewesen, wir saßen in einem großen Halle. Dieses Mal es ist anders. Ich habe das Gefühl, in einer Klasse zu sein. Ich bin plötzlich in unsere Schulzeit versetzt. Recht und links Lehrer, die zirkulieren, um die Schüler zu überwachen. Weißt du noch, die Adria? Sie war Meisterin im Schummeln. Sie schrieb die Formeln und andere Stichpunkte, die sie sich merken wollte, mit einem kleinen trocknen Blattstiel auf die Oberschenkel. Soweit ich mich erinnere, sie ist nie erwischt worden. Sie war lustige, ich mochte sie. Die nationale Prüfung am Ende der weiterführenden Schule hat uns alle in Furcht getrieben. Huuuu! Heute noch, in diesem Raum, kommt dieses Gefühl genau so stark wie damals. Ich denke, dass früher, auch heute, die Ursache ähnlich ist. Es ging, um meine Zukunft. Es ist lange her. Wo ist die Zeit geblieben? Eine hohe Stimme bringt mich in die Realität. Es geht los. Nach dem Lesen aller Prüfungsfragen stelle ich fest, das nicht so schwer ist, wie ich es mir vorgestellt habe. Nach dreißig Minuten bin ich schon fertig. Wir werden zurückkommen, um die Ergebnisse zu erfahren. Das Datum ist schon genannt. Heute am 28.04.2008, eine Woche danach bin ich wieder hin. Ciana, ich habe sie bestanden, aber wie! Ich bin stolz auf mich. Wenn es früher wäre, hätten wir bis zum Umfallen getanzt. Schade. Durchatmen. Ein Zertifikat habe ich.

Das zweite folgt. Der politische Test wird schwieriger. Das geht um die Geschichte und die Gesetze Deutschlands. Die deutsche Politik ist ein wichtiger Teil davon. Ich muss mich länger damit beschäftigen. Allerdings muss ich auch die Deutschland-Karte angucken. Ich bin lange dran gesessen. Die Zeit ist gekommen, die Prüfung zu machen, sonst kann ich ewig lernen. Ciana, dieses Mal bin ich am Beben. Ich fand das ganze schwierig. Die Fachausdrücke, die Namen, die Daten. Das Gesetz ist die Krone von allem. Wieder im gleichen Gebäude, der gleiche Raum aber andere Prüfer.

Um acht Uhr bin ich pünktlich da. Die Gruppe ist kleiner als für die deutsche Sprachprüfung. Ich habe auf jeden Fall Bonbons mit und einen Schal am Hals. Sie sind eine Hilfe gegen die Nervosität. Das Blatt ist da. „Schau dich nicht um", sage ich mir. Die Zeit ist nicht begrenzt, aber wenn die erste Person aufsteht, steigt bei mir sofort das Adrenalin.

Also gehe ich die Fragen nacheinander durch, überspringe die, die schwer zu verstehen sind und die, an denen ich Zweifel habe. Ich bin fertig, die Teilnehmer sitzen alle noch.

Der erste Teil ist geschafft. Die Ruhe kehrt zurück. Dann fang ich mit denen an, bei denen ich mir nicht sicher bin. Nach einer Stunde bin ich fertig. Heute den 07. 02.2009. Sie haben wieder ein Datum genannt, wo wir das Ergebnis erfahren werden. Es ist so weit. Wir sind alle da. Ich habe bestanden. Von den Noten bin ich überrascht, scheinbar die Prüferleiterin auch. Nach dem sie mit der Verteilung von Zertifikaten fertig ist, sie hat mich gerufen und paar persönliche Frage gestellt. Es gibt eine kleine Feier, aber ich gehe lieber nach Hause. Ich muss mich erholen.

Ciana, sowohl die Fragen für den Führerschein auch die für die politische Prüfung sind zur Auswahl aufgebaut. Genau wie in den nationalen Prüfungen in unserer Schulzeit. Die beiden Zertifikate habe ich jetzt. Die Dokumente, die ich habe, muss ich übersetzen lassen. Sie werden nur akzeptiert, wenn sie von einem staatlich ermächtigten Übersetzer übersetzt werden. Von Französisch in die deutsche Sprache. Ich habe eine Übersetzerliste von der Stadt erhalten. Nachdem ich ein paar Telefonate geführt habe, habe ich einen gefunden. Es kostet Geld. Die anderen gefragten Dokumente für uns drei habe ich nicht. Also, es muss alles ruhen. Die Gesetze ändern sich ständig. Jedes Mal, wenn ich den Antrag stelle, sind die angeforderten Dokumente nicht die gleichen.

Im Laufe der Jahre habe ich die Anfrage dreimal gestellt. Erst in diesem Jahr, am 20.06. 2020, während ich dir schreibe, erhalte ich meinen Deutschen Personalausweis.

Die Kinder sind jetzt Teenager. Sie teilen sich ein Schlafzimmer. Die Zeit ist gekommen, dass jeder sein eigenes Zimmer hat. Wir haben eine Wohnung gefunden in einem ländlichen Stadtteil von D. Sie ist groß genug. Lucien und Joy haben jeder sein Zimmer. Die Wohnung und die Umgebung gefallen uns. Lucien fängt schon mit seiner Ausbildung an. Joy ist auf der Realschule.

Ciana, Lucien und Joy sind jetzt selbstständiger. Ich versuche, irgendwie wieder ins Arbeitsleben zurückzukehren. Wie ich dir erzählt habe, ohne Nachweise Dokumente. Putzen scheint erreichbar zu sein. Ich fange mit der Suche nach eine Arbeit Stelle an.

KAPITEL VIER

In der Ruhe liegt die Kraft

Der Mopp, mein unbarmherziger Chef

Eine Arbeit als Reinigungskraft bekomme ich manchmal vermittelt. Oft stehen die Anzeigen in der Tageszeitung.

Nachbarschaftshilfe

Ich arbeite einmal in der Woche bei einer älteren Dame. Sie hat einen neunundvierzig Jahre alten behinderten Sohn, den sie pflegen muss. Sie wohnt in der Nachbarschaft. In zwei Minuten bin ich da. Ich fange um zehn Uhr an. Wie lange? Nach Bedarf. Ich kaufe für sie ein und mache die Wohnung sauber. Ein Teil meine Arbeit ist mit ihr zu sprechen, sie hat Gesprächsbedarf. Seit dem Unfall ihres Sohns ist nicht mehr rausgegangen. Seit Jahre traut sie sich nicht mehr nach draußen. Ich bin überrascht. Einkaufen ist nicht so einfach, wie ich dachte. Mehrere Lebensmittel kenne ich nicht, noch nie gehört, noch nie gesehen. Ich muss im Geschäft nachfragen. Mit der Zeit werden die Arme länger vom Tragen.

Die Gespräche sind nicht angenehm, weil sie über ihren Mann lästert. Sie schmälert ihn und beleidigt ihn in meiner Gegenwart. Sie verschenkt gerne Sachen, Geld, und prahlt damit. Da kommen viele Leute ins Haus für verschiedene Dienstleistungen. Sie kennt die Geschichten aller bis ins kleine Detail.

Glücklicherweise muss ich da aufhören, weil wir umziehen.

Das erst Erfahrung: Wenn man in Familien arbeitet, ob es will oder nicht, erfährt man was dort passiert.

Im Krankenhaus

Ich arbeite von Montag bis Freitag. Die Arbeit fängt an um vier Uhr morgens und endet um sieben Uhr. Ich laufe zehn Minuten bis dahin.

Hier lerne ich die Mopps kennen. Ich habe meine Bereiche. Die Oberfläche ist im Vergleich zur Reinigungszeit sehr groß. Ich muss mit der Geschwindigkeit einer Uhr arbeiten, um alles zu schaffen. Ich habe keine Minute, um Luft zu holen. Ich muss versuchen, meinen Bereich fertig zu kriegen innerhalb der Frist von drei Stunden. Im Krankenhaus ist die Zeit knapp, weil bestimmte Geräte und Räume zusätzlich desinfiziert werden müssen.

Die Arbeit im Krankenhaus ist für mich eine Qual geworden. Der Geruch, die Krankenwagen, die ganzen medizinischen Geräte überhaupt. Das ganze Geschehen: die Menschen im Notfall, die von der Operation zurückgebracht werden. Das Geschrei, die kranken Menschen, die Toten. Das ist alles für mich unerträglich. Jedes Mal, wenn ich da rauskomme, geht mir schlecht. Ich denke es ist vielleicht wegen des Stresses. Alles ist neu, hinterher gewöhnst du dich bestimmt dran, sage ich mir. Ich bin im Hospiz gewesen, ich bin fast tot umgefallen.

Nach einiger Zeit habe ich verstanden, dass das Krankenhaus viele schreckliche Erinnerungen in mir ruft. Sechs Monate sind schon vergangen. Statt weniger zu werden, nimmt das Unwohlgefühl zu. Ich kann nicht mehr. Ich muss da aufhören, eine andere Arbeitsstelle suchen.

Bei Privatleute in der Ferne

Die Frau hat einen betagten Vater, der da wohnt. Ich gucke, dass er seine Medikamente nimmt. Wenn er etwas braucht, kann ich ihm behilflich sein. Ich fahre mit dem Auto hin, circa zehn Minuten. Ich arbeite da zweimal in der Woche. Es ist ein 450-Euro-Job.

Ich mache die Wohnung sauber und bügle die Wäsche.
Sie ist eine nette und faire Frau. Sie sind im Urlaub gefahren und ich darf auf das Haus aufpassen. Sie hat mir die Hausschlüssel anvertraut. Es ist angenehm, bei denen zu arbeiten.
Ich muss leider da aufhören.

Ein Umzug steht wieder an. In der Zwischenzeit wohnt Lucien allein, er ist in Ausbildung. Joy ist noch zu Hause, sie zieht mit uns. Wir haben eine Dreizimmerwohnung gefunden. Die Lage gefällt uns. Drei Supermärkte in der Nähe. Die Stadt ist zu Fuß in dreißig Minuten zu erreichen. Wir müssen beide eine Arbeit suchen. Michael arbeitet schon, aber es ist nicht genug. Er muss noch eine zusätzliche Stelle finden. Die Suche ist kompliziert. Ich habe schnell eine Putzstelle gefunden. Michael hat lange gesucht. Die Arbeitsstelle, die er gefunden hat wurde mit einen Hungerlohn bezahlt. Ich bin unangenehm überrascht! In Deutschland!! Er hat da paar Monate gearbeitet. Es ist frustrierend. Es lohnt sich nicht.

Küchenstudio

Meine Freundin und ich gingen in die Stadt. Wir haben eine Annonce, am Fenster hängen gesehen.
Wir sind reingegangen und haben ich gefragt:
– Ist die Stelle noch frei?
Der Verkäufer, der drinsitzt, antwortet:
– „Wenn Sie die Stelle haben wollen, können sie haben. Sie ist noch frei."
– „Gerne", Danke. Freue ich mich. „Wann solle ich anfangen?" „Morgen um zehn Uhr." Heute bin ich da und fange an, hier zu arbeiten. Fünfzehn Euro die Stunde. Ich reinige die Räume. Hier stehen mehrere Küchen zum Verkauf. Sie müssen immer sauber sein. Auf den verschiedenen Küchen stehen Dekorationsmaterial, das muss auch gereinigt werden. Die Außenwände müssen auch geputzt werden. Ich mache sauber, wie weiter

ich komme. Der Besitzer ist gekommen, um das Küchenstudio zu besuchen. Er verlangt, dass ich die Außenwände putze, nicht nur bis wo ich kommen kann, sondern dass ich auf eine Leiter klettere, um eine mehr als drei Meter hohe Wand sauberzumachen. Die Mauer überblickt die Hauptstraße der Stadt mitten im Zentrum. Infolgedessen habe ich gekündigt.

Ich habe ein halbes Jahr da gearbeitet.

Ich fange wieder an, Arbeit zu suchen. Ich kann nur putzen, anderes geht nicht wegen fehlende Nachweise Dokumente.

Jeden Tag gucke ich in der Tageszeitung und rufe die verschiedenen Nummern durch, ohne Erfolg. Ich staune oft. Ich rufe eine Nummer an, spreche mit jemand. Die Person sagt:

– „Wir werden Sie zurückrufen". Ich lege das Telefon auf und denke:

Sie hat keine einzige Frage gestellt. Sie hat nicht einmal nach meinem Namen gefragt.

Mein Name ist nicht üblich, ich muss den immer buchstabieren. Danach kommt nichts. Die anderen haben meine Daten aufgenommen. Warten, warten, danach kommt nichts.

Manche haben sogar gesagt, fragen Sie bitte nach. Ich habe dann angerufen. Die Reaktion ist negativ, sie sind unfreundlich: „Was wollen Sie denn?"

Ich habe bei mehreren Firmen angerufen jede Woche aufs Neue. Keine positive Antwort.

Ciana, wie du es weißt, in Ruanda gibt die Reinigungsarbeit nicht. Ich dachte, wenn ich eine Putzstelle suche in Deutschland, werde ich am gleichen Tag sofort mehrere Stellen finden. Ich kann mir dann aussuchen, wo ich arbeiten möchte. Wer geht in Deutschland putzen, um Geld zu verdienen außer einer Ausländerin ohne Nachweise Dokumente? Ich habe mich vertan. Hier ist Putzen eine normale wertvolle Arbeit. Oft ist es auch ein Nebenjob für die, die, ein bisschen mehr verdienen wollen. Man kann auch als Selbstständige eine Firma gründen.

Büros

Endlich, nach Monaten Suche, hat mich eine kleine Familien-
firma beschäftigt.

Die Arbeitsstelle ist abseits. Ich reinige die Büros. Ich muss
mit dem Bus fahren, einmal umsteigen und ein Stückchen zu
Fuß laufen. Ich fange um fünf Uhr an. Also stehe ich um vier
Uhr auf.

Heute ist Montag, mein erster Arbeitstag. Ich werde zwei
Stunden arbeiten. Ich sitze an der Bushaltestelle. Eine Frau ist
in letzter Minute gekommen, sie hat fast den Bus verpasst. Sie
sitzt hinter mir und unterhält sich mit einer anderen unbe-
kannten Frau.

Was ich nicht wusste ist, dass diese Frau meine Mitarbeite-
rin ist. Wir sind durch verschiedene Türen aus dem Bus ausgestiegen. Wir sind im Winter, es ist noch dunkel. Ich habe nicht
mitbekommen, dass sie auch hinausgetreten ist. Sie überquert
die Straße und ich hinter ihr. Ich bin irritiert. Die Frau geht den
gleichen Weg wie ich. Ich habe keine Ahnung, wohin sie geht.
Siehe da, sie geht hinein, wo ich hinmuss. Sie hat schon gemerkt,
dass ich hinter ihr gehe, sie hat sich paar Male umgedreht. Sie
hat schon geahnt, dass ich da arbeiten gehe. Sie öffnet die Tür
und geht rein. Ich sehe, wie die Türe zugeht. Ich bin an der Tür
angekommen. Ich habe geklingelt, einmal, zweimal, dreimal,
es kommt keiner, um die Türe aufzumachen. Ich bin vor der
Tür stehen geblieben. Ich wollte schon gehen, als sie kam, und
sagt: „Wir haben nicht gehört, dass Sie geklingelt haben". Ach!
Jetzt erkenne ich die Frau. Ich habe doch sie an der Bushaltestelle gesehen. Ich habe aber nichts gesagt.

Ich bin jetzt im Gebäude. Da drin ist eine andere kräftige
Frau. Frau Gier. Sie arbeitet für die Bürofirma, nicht für die
Reinigungsfirma. Ich habe nur eine Arbeitskollegin, die Frau
vom Bus, Frau Schädlich. Wir haben uns begrüßt und ich habe
mich vorgestellt. Sie wussten schon, dass jemand neu kommt.
Es hat den beiden nicht gepasst. Ich merke es schon, dass ich
nicht willkommen bin.

Die Frau Schädlich hat mir gezeigt, wo das ganze Material ist. Es ist jetzt fünf Uhr. Die Frau Gier fragt mich, ob ich Kaffee trinken möchte. Ich bejahe. Sie hat mir eine Tasse Kaffee überreicht. Sie sitzen beide auf einer Bank draußen. Ich bin stehengeblieben, weil ich meine, es geht los mit der Arbeit, sich hinsetzen lohnt sich nicht. Ich bin sowieso nervös.

Die Frau Schädlich sagt:

– „Kommen Sie. Setzen Sie sich, wir rauchen eine und trinken in Ruhe einen Kaffee."

– „Ich rauche nicht. Danke für den Kaffee, füge ich hinzu".

Also, ich habe mich daneben gesetzt. Sie stellen viele persönliche Fragen. Zum Beispiel, was ich von Beruf bin, wo ich gearbeitet habe, wie lange ich in Deutschland wohne etc. Ich beantworte alle Fragen naiv und ehrlich. Ich möchte nette sein. Das war nicht klug. Ich habe es später bereut. Ich denke bei mir: „Die Frauen hier sind aber schon neugierige.". Ciana, überall wo ich vorher gearbeitet habe, arbeitete ich allein. Dies ist das erste Mal, dass ich mit anderen arbeiten muss. Ich wurde verarscht. Nach einer Weile stehen sie endlich auf und gehen hinein. Sie haben mir gezeigt, was ich machen muss. Kurz danach kommen schon die ersten Büroarbeiter. Wir haben praktisch eine Stunde statt drei gearbeitet. Was heißt arbeiten? Besser gesagt, wir sind drüber geflogen.

– Wir sind fertig, sagt Frau Schädlich.

– Ich gehe nach Hause, kommen Sie mit, frage ich sie.

– Nein.

– Ich bleibe hier, weil ich weiterarbeiten muss. Das ist unter uns: ich darf nicht im gegenüberliegenden Gebäude arbeiten, weil es nicht Teil der Büros ist. Keiner weiß davon. Ich mache Geschäft mit der Frau Gier. Jetzt verstehe ich ihre kalte Miene.

Zwei Tage hintereinander ist so gelaufen. Ich habe schon Bedenken, aber auch ein schlechtes Gewissen. Ich werde bezahlt für die Arbeit, die ich nicht gemacht habe. Das ist auch unehrlich dem Arbeitgeber gegenüber, der darauf vertraut, dass ich die Vertragsvereinbarungen respektiere. Ich stehe nicht um vier Uhr auf, um wieder mehr als eine Stunde zu sitzen und Kaffee zu trinken.

Das ist Dienstag, mein zweiter Arbeitstag. Früh Morgen sind wir alle drei wieder da. Gleiche Szene wie Gestern. Eine Stunde lang Kaffee trinken, eine rauchen. Wieder sagen sie: -„Kommen Sie, setzen Sie sich."

– „Ich trinke den Kaffee und gehe arbeiten, sonst schaffe ich die Arbeit in einer Stunde nicht", antworte ich. Ich kann ihre Reaktion nicht richtig sehen, weil dunkel ist. Sie sitzen draußen. Das Licht reicht nicht. Ich bin reingegangen. Ich frage mich die ganze Zeit, wo sie bleiben. Man kann auch übertreiben, denke ich mir. Irgendwann ist die Frau Schädlich gekommen. Ich habe nicht die kleinste Ahnung, dass sie einen Mobbing-Plan geschmiedet haben, um mich loszuwerden. Sie haben gemerkt, dass ich nicht mitmachen werde und die Frau Schädlich hat mir von ihrem schwarzen Geschäft erzählt. Ich bin fertig und bin nach Hause gegangen.

Heute ist Mittwoch, mein dritter Arbeitstag. Ich bin reingegangen, sie sind beide schon da.

Ich wollte meine Jacke aufhängen, da fängt die Frau Schädlich an, kommt die Frau Gier dazu. Sie haben mich richtig fertig gemacht. Ich habe ja, auf ihre Fragen über mich geantwortet. Um zu verhindern, dass ich der Chefin Bescheid gebe, hat Frau Schädlich die Chefin angerufen und ihr erzählt, dass ich keine Ahnung habe, wie man sauber macht.

Am Donnerstag – bin ich gerade angekommen – kurz danach ist auch die Chefin gekommen. Sie hat mich nichts gefragt. Sie hat nur bei der Arbeit zugeguckt und ist dann gegangen. Sie hat nichts gesagt. Sie hat verstanden, dass es nicht um die Arbeit geht, aber sie hat die Dinge nicht in Ordnung gebracht. Ich werde in permanenten Konflikten stecken müssen. Ich habe keine Lust zu, ich will mich nicht quellen. Ich muss die Arbeit wieder aufgeben.

Ciana, ich bin so traurig. Ich denke dabei, ich habe monatelang eine Arbeit gesucht. Jetzt, hier, kann ich nicht weiterarbeiten. Die Firma ist weiter weg. Der Arbeitgeber kann nicht sehen, was hier los ist. Sie werden nicht zulassen, dass ich hier weiterarbeite. Besser gehe ich, bevor es noch schlimmer wird.

Am Freitagmorgen bin ich, statt zur Arbeit zu gehen, zur Chefin gefahren. Ich habe den Arbeitsvertrag gekündigt. Ich bin erleichtert. Die Woche war schon belastend. Nun fängt die Suche wieder von vorne an.

Familienhaus in Kulturlandschaften

Der Arbeitgeber sitzt auf eine deutsche Ostseeinsel.

Ich arbeite allein. Zu dieser Reinigung Arbeitsstelle gehören zwei Reviere.

Sie sind in verschiedenen Orten. Ein drei Stunden bezahlter Job.

Ich fahre dahin mit dem Auto. Zuerst nach A., und dann zum Schluss nach B.

In A. sind eine Etage und Erdgeschoss zu sauber machen.

Das Erdgeschoss ist umfangreich.

Da sind unterschiedliche Büros, ein großes Labor und die Toiletten.

Man erreicht die Etage durch zahlreiche Treppe. Auf der Etage sind noch Büros.

Das Wasser ist auch auf der Etage. Da ist keinen Aufzug. Das heißt, ich muss die ganze Zeit die Treppe rauf und runter, um Wasser mit einem Eimer zu holen. Ich muss den Eimer voller Wasser in alle Ecken transportieren. Wenn man bedenkt, dass die Arbeiter draußen arbeiten, kann man verstehen wie die Arbeit aufwendig ist. Die Räume sind voll Dreck. Das Wasser oben holen macht die Arbeit noch schwerer.

Die Treppen müssen auch jeden Tag geputzt werden. Ich kann anfangen, wann ich will, aber die zwei Stellen sind weit weg voneinander. Wenn ich mit A. fertig bin, fahre ich nach B. In B. frühstücken die Arbeiter da. Das Esszimmer muss sauber sein, wenn sie zu Mittagessen kommen. Toiletten und Dusche müssen auch jeden Tag gereinigt werden. Also putze ich da vormittags.

Ciana, ich arbeite hier schon zwei Wochen. Ich habe keine Energie mehr, die Luft ist raus. Ich muss die Stelle wieder kündigen. Ich bin verzweifelt. Ich habe den Satz im Ohr, den du mir oft sagte, in unangenehmen Situationen: „Nehme die Lehre des Lebens an, es ist ein erbarmungsloser Lehrer, aber der beste, den es gibt. Wenn du die Schwierigkeiten gemeistert hast, du wirst es danken, dass es dich Recht und Links geschoben hat". Ich hätte geschmollt, aber die Suche fortgesetzt. Also weitersuchen. Werde ich jemals einen Job finden, bei dem ich mich stabilisieren kann. Wenn die Arbeite in Ordnung ist, sind die Menschen die Probleme.

Wenn mit den Menschen gut klappt, die Arbeit ist nicht zu schaffen.

Vertretungen

Eine Freundin hat ein Reinigungsfirma. Sie ist so liebe und stellet mich wiederholt für mehrere Monate ein, wenn ich in Not bin.

Ich mache die Vertretung in einer Bank. Ich arbeite Abend, ab siebzehn Uhr, wenn die Büros leer sind. Ich spüle und reinige die Toiletten, Räume und Fluren. Die Leute sind nett, freundlich. Es ist angenehm da zu arbeiten ab und zu.

Ich vertrete auch oft in Universität Gebäude. Ich habe schon in verschieden Gebäude gearbeitet. Die Arbeit ist schwer, weil da zu viel Dreck gibt. Ich muss mich bei einer Firma mich melden und warten bis jemand in Urlaub geht oder krank wird.

Wie immer, wenige Zeit, um alles zu schaffen. Um fünf Uhr muss ich da sein, dass heißt um vier Uhr aufstehen, um den Bus nicht zu verpassen.

Wenn ich da arbeiten muss, leide ich innerlich. Da herrscht Konkurrenz Geist, jeder will Autorität über mich ausüben. Jeder weißt du besser. Die Chefs sind nicht da. Ich weiß nicht welche Anweisungen ich befolgen soll.

Polizei Gebäude

Glück verbirgt sich manchmal hinter einer schwarzen Wolke. Schaue genau durch. Die Firma ist in einer anderen Stadt. Das Revier ist in der Stadt, wo ich wohne. Ich arbeite für die Firma im Revier, im neu renovierten Bundespolizeigebäude. Der Vertrag geht über zwei Stunden. Wir arbeiten zu dritt. Ich finde die Arbeit an sich angenehm, die Zeit aber, in Bezug auf die zu erledigende Arbeit zu kurz. Einen guten Job zu leisten ist möglich nur wenn man sich keine Minute zum Atmen nimmt. Am Anfang konnte ich nicht verstehen, warum nach der Reinigung in den Revieren, wo ich gearbeitet habe, die Oberfläche oder die Toiletten oft schmutzig waren. Wenn die Zeit kurz ist, wird natürlich die Arbeit schlampig sein. Ich fahre mit dem Bus und ich muss umsteigen. Ich bin praktisch den ganzen Vormittag unterwegs. Die Chefin ist eine liebe, faire Frau. Sie kommt ab und zu mal. Sie wohnt in der Stadt, wo die Firma befindet. Ich arbeite in den Polizeigebäude schon sechs Monate.

Ciana, während ich hier arbeite, ist mir eine Idee gekommen. Ich möchte fragen, ob ich als Dolmetscherin für Französisch bei der Polizei arbeiten darf. Ich mache sauber in einem Büro. Ich habe meinen ganzen Mut zusammengenommen und gefragt. Die Polizistin ist ein freundlicher Mensch. Sie ist sehr bemüht, mir zu helfen. Sie hat alles gleich weitergeleitet. Ich brauche nichts zu tun. Sie wird mir Bescheid sagen. Innerhalb von einer Woche ist alles fertig. Ich bin angestellt.

Ciana, ich bin so glücklich. Du weißt, ich liebe Sprache. Ich darf etwas anderes machen als putzen. Das ist ein neuer Anfang, eine neue Erfahrung. Ich werde nicht jeden Tag dolmetschen, sondern bei Bedarf. Ich muss die Arbeit wegen der Steuer als Kleinunternehmen beim Finanzamt anmelden.

Ich habe unsere Chefin gefragt, ob sie noch ein Revier hätte, wo ich mehr arbeiten könnte. Sie sagt mir, dass sie auf eine Entscheidung über einen Auftrag bei Anwälten wartet. Sie hofft das die Firma das Revier bekommt. Wenn sie den bekommen sollte, würde sie mich da einstellen. Heute ist es so weit. Sie sagt: „Wir fahren zusammen hin und ich stelle dich vor." Sie hat mich vorgestellt und alles gezeigt. Morgen fange ich an. Ich putze zwei Stunden, drei Tage die Woche. Jetzt habe ich zwei Stellen. Sechs Monate lang arbeite ich an den zwei Stellen. Beide sind in der Stadt, aber weit auseinander.

Anwälte Büros

Frau Gift von der neuen Stelle ist von meiner Arbeit beeindruckt. Sie will mich bei ihr in der Firma als Reinigungskraft einstellen. Es ist für mich eine unerwartet schöne Überraschung. Es ist nicht leicht, einen unbefristeten Arbeitsvertrag zu erhalten. Es ist heutzutage eher selten geworden. Ich bejahte. Ich habe die andere Stelle gekündigt. Ich bin negativ überrascht. Um mich einzustellen, handelt sie unehrlich. Später bin ich wieder erschrocken, wie sie über die Firma Reinigungsmaterialien lügt. Nachdem ich die Arbeit für die Firma gekündigt hatte, müsste sie das Material zurückgeben. Sie hat aber es nicht getan, sondern die Sachen behalten. Kurz darauf fragte sie mich, ob ich in der Wohnung ihrer Mutter, Frau Machtgier, putzen könnte. Frau Machtgier ist scheinbar auch beeindruckt. Sie fragt immer wieder: „Wie machen Sie, dass, dass alles so sehr sauber zu kriegen". Sie unterhält sich gerne mit mir. Sie spielt gerne Theater wie ihre Tochter. Sie haben den gleichen Charakter. Kurz darauf fragte mich Frau Gift, ob ich auch ihre Wohnung putzen könnte. Für eine Weile funktionierte es gut. Ein paar Monate sind vergangen. Frau Gift ist wie ein Grab, das außen mit Blumen gesäumt ist, aber innen stinkt, wegen Totengebeinen und allem Unreinen von Menschen, die dort ruhen. Genauso wirkt sie auch von außen, nett, einfühlsam, freundlich, hilfsbereit, gerecht, aber in Wirklichkeit ist sie das Gegenteil. Ciana, ich habe mich wieder täuschen lassen. Scheinbar brauche ich paar Lektionen mehr von dem Leben, meinem unbarmherzigen Lehrer. Ein Mensch, der liegt, ist zu mehr fähig. Das ist klar, dass die Mitarbeiter Angst haben, mich zu warnen. Danach haben mir manche gesagt, dass sie, nachdem sie mitbekommen haben, dass ich bei den beiden sauber mache, schon um mich gezittert haben. Es ist leider so, wenn man bei Privatleuten arbeitet, bekommt man vieles mit, was in der Familie läuft. Ob man es will oder nicht, es nicht zu vermeiden. In dieser Familie stecken unzählige Intrigen. Ich mag es nicht, wenn jemand mir etwas erzählt und sagt: „Du hast es nicht gehört oder du hast es nicht gesehen." Von dem Moment an, in dem man etwas weiß, ist man gefährdet. Irgendwann tappt man in ungewollte Situationen. Ich weiß nicht, wer was nicht sagen soll, was ich nicht sagen soll, Zwickmühle.

Nach und nach habe ich die Situation und das Firmenklima mitbekommen. Ein Monat, nachdem sie mich angestellt hat, ist Weihnachtszeit. Sie sagt mir, dass sie zusammensitzen wollen, um etwas zu essen und zu trinken.

– Sie sind eingeladen.

– Danke für die Einladung, aber ich werde nicht kommen, antworte ich.

Ich feiere kein Weihnachten. Außerdem, denke ich mir, ich bin nur eine Putzfrau, was soll ich in dieser Versammlung. Sie besteht darauf. Ich antworte wiederholt, dass ich nicht kommen werde. Sie ärgerte sich, dass ich ihrem Befehl nicht Folge leiste. Jetzt sind ein paar Monaten vergangen. Ich spüre schon, dass etwas nicht stimmt. Sie fängt schon an, unangenehm zu werden. Ich weiß nicht, was los ist.

Ciana, ich bekomme Angst. Wenn ich arbeiten muss, fühle ich mich unwohl. Durch die Unterhaltung mit ihrer Mutter habe ich erfahren, dass sie es bereut, mich bei ihr und bei ihrer Mutter angestellt zu haben. Es ist passiert, wie es passieren musste. Während ich bei ihr sauber mache, bricht das Standbein ihres Fernsehers ab. Ich habe sie direkt angerufen und ihr Bescheid gesagt. Sie sagt: „Mir kann es auch passieren, machen Sie sich keine Sorgen." Ich möchte auf jeden Fall den Fernseher abbezahlen, aber sie will nicht. Kurz danach gibt sie mir allmählich zu spüren, dass ich nicht mehr erwünscht bin. Plötzlich ist alles nicht mehr sauber. Es gibt jedes Mal etwas, das ihr nicht passt oder das schlecht gemacht wurde. Sie hat mich inmitten ihrer

Mitarbeiter erniedrigt, mich beleidigt. Viele sind empört. Die Frau Machtgier hat heute mich angerufen. Ich habe gerade den Hörer abgenommen, „Sie brauchen nicht mehr zu kommen", paff, aufgelegt. Frau Gift hat nicht mir gesagt, dass ich nicht mehr kommen brauche, sondern: „Ich habe Bauarbeiter zu Hause. Morgen brauchen Sie nicht zu kommen." Das ist das dritte Mal. Ich habe nichts mehr gehört und auch nicht mehr gefragt. So verschwanden die beiden Putzstellen. Ich habe nichts gesagt oder darüber geredet. Ich dachte bei mir, es wird bestimmt jetzt besser. Ich arbeite nur in der Firma. Doch es wurde nicht besser. Jeden Arbeitstag wird zu eine Herausförderung. Sie behandelt mich wie ihre Sklavin. Sie mobbt mich überall, wo sie mich trifft. Ich versuche, ihr aus dem Weg zu gehen. Dann, irgendwann, habe ich verstanden, dass sie mich loswerden will. Sie hat kein Grund, mich zu feuern, weil es keine Beschwerden gibt. Sie sagte selbst die ganze Zeit, dass sie über meine Arbeit begeistert ist. Es hat sich nichts geändert. Sie hat einen anderen Weg gefunden, mich so zu drängen, bis ich selbst kündige.

Ich vertrage es nicht mehr. Bevor ich ihr ins Gesicht spucke, gehe ich lieber.

Liebe Ciana, ich bin so weit. Ich kündige wieder, ich muss gehen.

Ich kann Frau Gift nicht genug danken. Sie hat mein Leben zur Hölle gemacht. Sie hat mich in so eine Bedrängnis geführt, dass sie mich zwang, einen Stopp zu machen und über mein Leben wieder nachzudenken. Selbst jetzt, wo ich diese Zeilen schreibe, zittere ich innerlich vor Angst, obwohl vier Jahre vergangen sind. Ich bin entschlossen, mein Leben zu ändern. Zu versuchen, selbst Geld zu verdienen, viel oder wenig, ohne für jemand zu arbeiten. Wenn die Menschen nicht das Problem sind, ist es die Arbeit. Der Krieg hat in meinem Leben viel Schaden angerichtet. Auf dem Arbeitsmarkt in diesem Land habe ich mehr als genug abgekriegt. Das reicht mir.

Liebe Freundin, wenn dir so etwas passieren würde, sei nicht wie ich. Nimm die Situation wahr und unternimm Änderungen. Reagiere bitte, bevor du in ein Loch fällst wie ich.

KAPITEL FÜNF

Es ist die Zeit für einen Tapetenwechsel

Ciana, es ist schwierig, in Deutschland als Reinigungskraft zu arbeiten, so habe ich erfunden.

Vielleicht hast du auch den gleichen Job gemacht, wo du jetzt lebst, wie findest du es?

Nach einiger Zeit habe ich mir gesagt: „Du hast viele Erfahrungen in der Reinigung gesammelt, arbeite weiter, bleib in diesem Bereich. Ich habe Informationen gesucht über eine Ausbildung, um ein Gesellenbrief zu bekommen. Das gleiche Problem, wie ich dir erzählt habe, keine schulischen Nachweis Dokumente. Ich habe es versucht, aber ich stoße immer wieder auf Mauern. Ich beschreibe dir grob die Reinigungsarbeit, wie ich sie kennengelernt habe.

Reinigung ist eine Knochenarbeit. Viel zu tun in einer begrenzen Zeit. In mehreren Revieren ist der Mangel an Arbeitsmaterial zusätzlich ein echtes Hindernis und eine Belastung. Das Klima in verschiedenen Revieren ist schlecht, weil oft der Arbeitgeber oder der/die Revier-Chef/Chefin nicht vor Ort ist. Die Schwierigkeiten, die es da gibt, sind ihnen unbekannt oder werden erst nach längerer Zeit gelöst. Manche Arbeiter machen sich selbst zum Chef. Der Lohn ist oft niedrig im Vergleich zu den zu erbringenden Leistungen. Egal, wie weit der Arbeitsplatz liegt, mit dem Bus oder mit meinem Auto, die Fahrkosten trage ich selbst. In manchen Revieren, in denen ich gearbeitet habe, fängt die Arbeit um fünf Uhr morgens an. In anderen spät abends. Bei einer Putzstelle kam ich um zwanzig Uhr nach Hause.

Reinigung bei Privatleuten ist generell gut bezahlt, aber die Leute befriedigen zu können, ist etwas anderes. Es ist äußerst schwierig, weil man in der begrenzen Zeit, die man hat, nicht jede Ecke und jeden Winkel putzen kann. Es ist so, dass die Leute, die die Reinigungskraft einstellen, in ihren Häusern viele kleine und große Dinge besitzen. Um diese zu reinigen und den Platz, wo die stehen, zu reinigen, muss man sie bewegen. Die Zeit muss man im Auge behalten. Wenn man schnell arbeitet, passiert es manchmal, das etwas kaputt geht. Manche haben kein Verständnis dafür. Oft bei Privatleuten die Reinigungsarbeit ist mit anderen Aufgaben verknüpft, z. B.: Wäsche bügeln, Wäsche waschen, einkaufen gehen, kochen, etc. Es heißt dann „Haushaltshilfe". Die Haushaltshilfe muss in der Lage sein, all diese Arbeit zu kombinieren und innerhalb eines bestimmten Zeitraums fertigzustellen.

Man kann auch als Vertreter in Revieren arbeiten. Es ist aber schwierig, weil man sich in einer neuen Arbeit anstrengen muss und den Platz nach wenigen Tagen oder einem längeren Zeitraum wieder verlassen muss. Was mich noch besonders stört, ist, dass man sich nicht weiterentwickelt. Putzen ist halt putzen.

Französisch Zertifikat

Ich überlege die ganze Zeit, wie ich selbst Geld verdienen kann, ohne angestellt zu sein. Es fällt mir ein, dass ich Französisch-Nachhilfe geben kann. Ich dolmetsche schon bei der Polizei. Ich werde mich um eine weitere Arbeitsstelle bemühen. Da ich keine schulische Bestätigung habe, brauche ich für die französische Sprache ein Zertifikat. Ich habe erfahren, dass ich mir beim Französisch-Institut meine Sprachkenntnisse bescheinigen lassen kann. Das Kompetenzprofil des Dolmetschers entspricht mindestens dem Niveau B2 des Gemeinsamen Europäischen Referenzrahmens. Also, meine Liebe, ich muss das Zertifikat haben. Um es zu haben, muss ich eine Prüfung machen. Ich habe alles erfahren, was ich wissen muss, um die Prüfung zu bestehen. Es ist viel Stoff.

Ciana, stelle dir vor, der Test bezieht sich auf alles, was wir während unserer Schulzeit gelernt haben. Rechtschreibung, Hörverständnis, mündliche Prüfung, Dissertation, alles dabei. Ich habe wenig Möglichkeiten, Französisch zu sprechen. Die Sprache hat in allen Bereichen viel gelitten. Alle Prüfungsteile sind am selben Tag.

Weißt du noch, wie wir „Die Fabeln" von La Fontaine ziemlich gut nachmachten? Es war lustig. Heute noch lache ich mich kaputt, wenn ich daran denke. Oh, Nein, das schon wieder. Ich will selbst Geld verdienen, es geht nicht anders. Das wäre eine Tür für neue Möglichkeiten. Ich habe jetzt die Bücher gekauft. Es geht los. Ich muss mich richtig hinsetzen und versuchen, alles zu überfliegen, um mein Gedächtnis aufzufrischen.

Ciana, ich sitze schon wieder in einem Prüfungsraum. Wir sind nur vier. Die Prüfung ist schwierig, zu viel Stoff und alle Bereiche dabei. Ich möchte das Zertifikat C2 schaffen. Ich habe das Zertifikat mit viel Mühe trotzdem geschafft. Ich freue mich sehr, mindestens ein Papier in der Hand zu haben. Ich muss mich davon erholen, es war stressig.

Ich soll mit der Suche anfangen, weil ich keine Arbeit mehr habe. Ich frage bei Ämtern. Da kommen viele fremde Leute, darunter sind auch Französischsprechende. An einer Informationsstelle im Bürgerbüro sitzt eine nette Dame. Ich sage mir, frage sie mal, vielleicht weiß sie ob man hier manchmal Dolmetscher brauchen. Auf meine Frage antwortet sie, dass sie weiß, dass sie in der Stadtverwaltung Dolmetscher anstellen. Sie haben so eine Abteilung, fügt sie hinzu. Ich habe mich bedankt und dahin gegangen. Sie hat mir die richtige Information gegeben. Dolmetschen ist ein aktueller Bedarf in fast allen Büros und Einrichtungen, die sich um fremde Menschen kümmern. Ich habe dir erzählt, dass ich schon bei der Polizei arbeite. Ich musste mich als ein Kleinunternehmer anmelden. Es macht Sinn, kleine unterschiedliche Tätigkeiten in einer Gewerbeanmeldung zu kombinieren. Ich werde dann Französischunterricht und Nachhilfe geben, dolmetschen und als Haushaltshilfe arbeiten. Französischunterricht und Dolmetsch-Tätigkeiten sind je nach Bedarf und damit nicht ausreichend. Haushaltshilfe dient als Krücke, wenn ich keine Kunden habe. Ich will nicht mehr im Haushalt arbeiten. Heute habe ich das neue Gewerbe bei der Stadt angemeldet. Angemeldete Tätigkeit: „Mehrsprachige Haushaltsdienstleistungen sowie Übersetzungen".

Liebe Ciana, jetzt fängt ein neuer Abschnitt in meinem Leben an, „Selbstständigkeit". Ich muss fleißig sein und bereit, weiter immer wieder zu lernen. Ich möchte, dass meine Fehler ein Auslöser zu einem Entwicklungsprozess werden.

Dolmetschen in dem Pädagogischen Zentrum für Flüchtlinge

Als meine Recherchen fortsetzte, stieß ich auf einem Pädagogischen Zentrum für Flüchtlinge.

Sie haben mich angestellt. Die Tätigkeit ist auch nach Bedarf.

Ich bin dann bei der Polizei und bei diesem Zentrum tätig.

Die Arbeit macht mir Spaß. Ich bin in Kontakt mit vielen netten, engagierten, unterschiedlichen Menschen, die anderen helfen vollen. Dazu zählen Behörden, Schulen, Ärzte und Organisationen. Der Kontakt mit Menschen, die in Not sind, erinnert mich an meinen eigenen Weg. Ich bin sehr bemüht mein Bestes zu geben, um einen guten Job zu machen.

Ciana, ich lerne vieles, zu Beispiel wie man als Kleinunternehmer Rechnungen erstellt.

Die Polizeibeamten sind nett. Da ich kein Auto habe, holen sie mich ab, wenn sie mich brauchen, und bringen mich wieder nach Hause. Es tut mir leid, zu hören, wie die Menschen lügen über ihre Geschichte und denken, es kommt etwas Besseres raus. Sie vergessen dabei, dass die Polizisten und Beamter auch einen Kopf haben und denken können. Die Naiven halten sich an den falsch verbreiteten Rat: „Sag nie die Wahrheit". Meine eigene Erfahrung hat mir gezeigt, dass die Wahrheit immer triumphiert.

Die Fachberaterin, die sich bei Pädagogischen Zentrum für Flüchtlinge, um die Dolmetscher und ihre Rechnungen kümmern, ist außergewöhnlich nett und hilfsbereit. Sie ist jederzeit da, antwortet auf alle Fragen. Rechnungskorrekturen sind

stressig für sie, trotzdem hat sie Geduld mit jeder. Die Fahrkosten werden erstattet, wenn der Auftrag weit weg liegt.
Weißt du Ciana, es ist für mich ein Genuss, als Dolmetscher zu arbeiten. Ich will diese Tätigkeit mit Herz und Ehrlichkeit ausüben. Ich übe mich aber darin, das, was ich gehört habe, nicht nach Hause mitzunehmen und mich nicht weiter damit zu beschäftigen. Es ist eine ernste Übung, sonst könnte es passieren, dass ich selbst davon nicht unverschont rauskomme.
Ich lerne, nicht zu weinen und Emotionen zu beherrschen, eine Herausforderung aber es funktioniert.

Französisch Unterricht

Die Schüler, bekomme ich durch Mundpropaganda in der Nachbarschaft, sowohl Jüngere als auch Erwachsenen. Die Erwachsenen kommen oft von weitem, durch Internetanzeige.
Französisch ist eine Sprache, die in Deutschland fast nicht verwendet wird. Sie wird in der Schule unterrichtet, aber die meisten Schüler wählen später eine andere Sprache wie Englisch und Spanisch. Die die Sprache lernen wollen, haben wenige Möglichkeiten, sie zu hören und zu sprechen, um Fortschritte zu machen. Unterrichten fällt mir leichter, nachdem ich für das Zertifikat viel üben musste. Ich muss ernsthaft mich vorbereiten. Die Erwachsenen haben andere Motivationen, warum sie die französische Sprache lernen wollen. Dann passe ich mich ihren Bedürfnissen an. Zu Beispiel, jemand hat ein Freund (Freundin) der (die) die Sprache spricht oder Jemand hat Vermögen in den Französischsprachigen Ländern oder Jemand plant einen Urlaub, wo die Sprache gesprochen wird, etc. Verstehst du Ciana, der Unterricht ist dann auf das Ziel ausgerichtet. Das heißt, neuer Kunde, neuer Stoff, sich aufs Neue vorbereiten. Es ist eine große Freude für mich, zu sehen, wie die Kinder und ihren Eltern sich freuen., wenn die Noten gut sind.
Die Erwachsenen können die Situationen meistern, echt eine leckere Belohnung.

Netzwerk- Marketing

Meine liebe, in der Zwischenzeit hat mir ein Bekannter von einer interessanten selbstständigen Arbeit im Vertrag mit LR erzählt. Das ist das erste Mal, das ich davon erfahre. LR ist ein Deutsches Netzwerk-Marketing-Unternehmen im Bereich Gesundheit und Schönheitsprodukte. Ich will es probieren. Ich muss neunzig Euro bezahlen. Danach schließe ich einen Vertrag mit der Firma. Es beginnt mit der Erstbestellung. Danach erteilen sie mir die Partnernummer, unter der die Bestellung angenommen worden ist. Der Partner kauft und verkauft Produkte der LR im eigenen Namen und auf eigene Rechnung.

Ich muss zuerst die Produkte kennenlernen, das heißt, was sind die Bestandteile der Produkte, wofür kann man sie verwenden, welche Vorteile haben sie im Vergleich zu anderen, so kann ich werben.

Die Kunden muss ich selbst finden. Die Monate vergehen, aber Kunden sind nicht viele. Die Motivation ist gleich Null. Ich kann mich nicht mit den Produkten identifizieren. Dann ist es schwer, die Kunden zu überzeugen. Schönheit ist nicht meine Welt. Ich bin heute zu ihrer Veranstaltung eingeladen worden. Die Art und Weise, wie es gemacht wird, ist nicht meins.

Ich muss leider damit aufhören. Ich habe kein Gewinn gemacht, was ich investiert habe ist verloren. Es geht nicht anders. Um etwas mit Erfolg zu machen, muss man es lieben.

Die Zeit vergeht. Ich bin Großmutter geworden. Ich kümmere mich oft um mein Enkelkind. Ich möchte, dass er Spielkameraden hat in einer kleinen Gruppe zu Hause. Dann erfahre ich, dass man einen Kurs belegen muss. Ich bin motiviert, weil mir die Deutschen Kindergesetze unbekannt sind. Ich möchte mich da melden und gucken, wie es weiter geht.

Ich habe mich erkundigt und darf an dem Kurs teilnehmen.

TEIL 3

Der effizienteste Weg zum Erfolg

KINDERBETREUUNG BERUF

Leibe Freundin, Kinderbetreuung Beruf haben wir auch nicht gekannt.

Meine Hauptaufgabe wird die Betreuung von Kindern anderen Familien, während diese arbeiten, zu Schule gehen oder nicht zu Hause sind aus verschieden Gründen. Ich wird mich um das seelische und Leibliche Wohl der Kinder kümmern.

Ich wird einen Teil der Erziehung und Förderung der frühkindliche und Sprachliche Entwicklung sowie die sozialen Kompetenzen der Kinder übernehmen.

Eine Französisch Sprichwort sagt: „Es gibt keine dummen Berufe, es gibt nur dumme Menschen."
Jeder Beruf hat seinen Wert. (Pons Wörterbuch)

Kein Beruf ist schlechter als der andere, es gibt nur Leute, die ihn schlecht ausüben.
(Langenscheidt Wörterbuch)

Bei der Anmeldung habe ich Bedenken aufgrund des fehlenden schulischen Dokuments. Ich beherrsche hundert Prozent die deutsche Sprache noch nicht. Ich bin erleichtert, da mir erklärt wurde, dass ich teilnehmen darf. Da ich kein schulisches Dokument habe, werde ich das Zertifikat zur Qualifizierung nicht bekommen. Ich darf aber in der Stadt, in der wir jetzt wohnen, ohne Schwierigkeiten als Qualifizierte Kindertagespflegeperson arbeiten. Die Qualifikation wird von der Stadt anerkannt. Wenn ich in einer anderen Stadt arbeiten würde, würde es nicht so sein. Die Städte haben in diesem Bereich eine eigene Organisation. Ich bin dankbar, dass ich teilnehmen darf. Die deutsche Sprache zu beherrschen ist keine zwingende Voraussetzung, das ist angenehm. Bis jetzt hatte ich noch keine Möglichkeit, einen Kurs in Deutschland zu besuchen.

Ciana, der Kurs hat schon angefangen. Ich staune, ich verstehe fast alles und es macht mir echt Spaß. Ich dachte, es ist leicht. Es ist reine Formalität. In der Tat, ich habe in der Schule unterrichtet, ich hatte oft mit Kindern und Eltern gearbeitet, außerdem bin ich selbst Mutter von zwei erwachsenen Kindern. Es ist ernst, es wird richtig unterrichtet.

Viele denken, Kindertagespflegepersonen sind nicht gebildet. Sie vertun sich. Die Realität sieht anders aus. Man muss eine Lernergebnisfeststellung bestehen. Darüber hinaus, muss man seine eigene Konzeption und einen Tagesablauf präsentieren. Um eine Qualifikation zu erlangen, muss man sich mit einem Thema systematische Auseinandersetzen. Dann zeigen, wie man Theorie in die Praxis effektiv umsetzt kann.

DER KURS

A. *Theorieteil*

Mir gefällt der Kurs sehr. Wir arbeiten viel in Gruppen. Wir haben persönliche Hausaufgaben. Wir sollen selbst weiter forschen mit der angegebenen Quelle. Unsere Dozentinnen sind kompetent. Sie sind immer zu zweit in der Unterrichtsstunde. Über ein vorgegebenes Thema tauschen wir uns aus und die zwei Dozentinnen moderieren abwechselnd. Sie nutzen intensiv Lehrmaterialien, was den Unterricht lebendig und spannend macht. Drei Tage in der Woche findet der Unterricht in den Räumlichkeiten des von der Stadt beauftragten Vereins statt. Ich besuche den Kurs und arbeite weiter.

Der Kurs ist in zwei Teile gegliedert und zwei Praktikums vervollständigen den Kurs. Ein vierzigstündiges Praktikum in einer Kindertagespflegestelle und ein anderes in einen Kindertagarten sind zu absolvieren. Sie sind ohne Vergütung. Die Praktika wurden aufgelegt, um die Weiterentwicklung der pädagogischen Arbeit der Kindertagespflegepersonen und die strukturelle Qualität in der Kindertagespflege zu fördern.

1. Tätigkeitsvorbereitende Grundqualifizierung (160 Unterrichtseinheiten).

Dieser Teil wird vier Monate dauern. Am Ende muss die Lernergebnisfeststellung bestanden werden. Dabei ist eine persönliche Konzeption und ein exemplarischer Tagesablauf zu präsentieren.

Nachdem ich erfolgreich an dem Kurs teilgenommen habe, darf ich mit der Betreuung anfangen. Um mit der Betreuung anzufangen, muss ich eine Erlaubnis durch das zuständige Jugendamt haben. Ich muss auch ein polizeiliches Führungszeugnis für mich und alle erwachsenen Personen, die in meinen Haushalt leben, vorweisen. Außerdem wird festgestellt, ob mein Haushalt für die Betreuung von Kindern geeignet und kindgerecht ist.

Die Räumlichkeiten

Die Kindertagespflege ist eine gesetzlich anerkannte Betreuungsform im familiennahen Umfeld.

Die Kindertagespflege ist in drei Formen möglich:

» Kindertagespflege im Haushalt der Eltern
» Kindertagespflege im Haushalt der Kindertagespflegeperson
» Kindertagespflege in anderen geeigneten Räumen.

Ich werde in meinem Haushalt betreuen.
Ich darf bis zu fünf Kinder gleichzeitig betreuen. Am Anfang möchte ich eine kleine Gruppe von drei Kindern betreuen, um Erfahrungen zu sammeln.

Hierzu gehören:

» ausreichend Platz für Spielmöglichkeiten,
» geeignete Spiel- und Beschäftigungsmaterialien,
» unfallverhütende und gute hygienische Verhältnisse,
» insbesondere für Kleinkinder eine Schlafgelegenheit,
» Möglichkeit des Spielens und Erlebens in der Natur, in Wald oder Parkanlagen.

Ciana, wir müssen uns auf der Suche nach einer neuen Wohnung begeben.
Tag und Nacht suchen wir im Internet. Wir gucken auch in der Tageszeitung. Wir haben zahlreiche Wohnungen angeguckt,

in vielen unterschiedlichen Orten und Umgebungen. Uns sind die Hände gebunden. Der Vermieter entscheidet, wen er als Mieter nimmt. Wir müssen warten. Sobald sie hören, dass es um Kinderbetreuung geht, heißt es automatisch „Nein" oder es kommt keine Antwort. Ich bin verzweifelt.

Nach einem Jahr Suche haben wir endlich eine kinderfreundliche Firma gefunden. Sie hat uns eine Wohnung zugesagt. Wir werden in den zwei nächsten Monaten umziehen. Es ist nicht leicht. Ich habe keinen Urlaub. Ich konnte nicht wissen, wann wir eine Wohnung finden werden. Die Eltern müssen arbeiten und eine alleinerziehende Mutter geht zur Schule. Spontanurlaub ist unmöglich. Ich muss weiter betreuen. Einen Monat müssen wir in zwei Wohnungen wohnen. In der alten Wohnung betreue ich ein Monat weiter. Parallel bringt mein Mann die neue in Ordnung. Sie muss die Normen der Stadt erfüllen.

Alles ist so weit fertig. Es wurde überprüft. Ich darf nicht automatisch in der neuen Wohnung betreuen. Ich brauche eine neue Erlaubnis. Die Erlaubnis ist mit den Räumlichkeiten verbunden. Am Ende des Monats müssen wir auch die alte Wohnung übergeben.

Ciana, mit vielen Anstrengungen haben wir doch alles geschafft, ich bin glücklich. Wir freuen uns, hier zu wohnen. Es hat sich gelohnt.

Die Tätigkeit kann als angestellte Beschäftigung oder als selbstständige Arbeit ausgeübt werden. Ich möchte als Selbständige arbeiten.

B. Der praktische Teil

2. Tätigkeitsbegleitende Grundqualifizierung (140 Unterrichtseinheiten).

Dieser Teil wird fünf Monate dauern.

In der Woche, von Montag bis Donnerstag läuft die Betreuung normal. Am Freitag muss ich am Unterricht teilnehmen.

Am Ende gibt es wieder eine Präsentation. Ich muss mich ein Thema aussuchen und zeigen wie ich die Theorie in Praxis umsetzen wird. Ich habe bestanden. Diese Information wird von der Familiären Tagesbetreuung an den Fachbereich Kinder, Jugend und Schule weitergeleitet, sodass ich die erhöhte laufende Geldleistung rückwirkend bis zum Folgetag der Lernergebnisfeststellung erhalten kann.

Ich bin froh, dass ich jetzt mit dem Kurs fertig bin.

Tageskinder finden

– Der von der Stadt beauftragte Verein vermittelt mir Familien, die eine Betreuungsmöglichkeit suchen.

Die Angebote sind kostenfrei und richten sich ausschließlich an Einwohner/innen der Stadt, in der ich wohne.

Der Verein führt eine Kartei mit den freien Tagesplätzen, die ich anbiete, und die Öffnungszeiten. Alle Informationen, die die Eltern benötigen, haben sie auch notiert. Ich bekomme dann nur die Telefonnummern der Eltern und Informationen über das Tageskind. Ich nehme den Kontakt mit den Eltern auf. Wir vereinbaren einen Termin zum Kennenlernen und Besprechen die Fragen, die jede Partei hat.

Wenn es passt, unterschreiben wir einen Betreuungsvertrag.

Wenn das Tageskind oder die elterlichen Vorstellungen von der Betreuung nicht in mein Angebot passen, habe ich das Recht, die Offerte vom Verein abzulehnen. Ich bin nicht die Einzige, die die Telefonnummer der suchenden Familie bekommt. So haben die Eltern die Möglichkeit, zwischen verschieden Kindertagespflegestellen zu wählen. In der Regel rufe ich die Eltern nach dem Treffen nicht an. Wenn sie wollen, melden sie sich danach.

Private Suche

Zahlreiche Suchmöglichkeiten stehen mir in Eigeninitiative zur Verfügung. Betreuungsportal für Kindertagespflege.

» Werbung im Internet
» Zeitungsanzeige
» Örtliche Supermärkte
» Geschäfte mit Kinderspielzeug oder Kinderbedarf
» Hebammenpraxen
» Wartezimmer der Frauenärztin oder in der Sprechstundenhilfe des Kinderarztes.
» Kindergärten und Spielplätze
» Bekanntenkreis
» Visitenkarten und Flyer

Die Nachbarschaftshilfe ist eine der besten Möglichkeiten, die es gibt.

Ich denke, dass die Tageskindersuche mit der Zeit immer leichter wird, da auch der Faktor der Mund-zu-Mund-Propaganda hinzukommen wird.

Das Kennenlerntreffen mit den Eltern

Ich bin aufgeregt, wenn ich mich mit den Eltern das erste Mal treffe.

Die Eltern kommen zu mir nach Hause mit dem Kind, für das sie die Betreuung suchen und oft mit Geschwistern, wenn es welche gibt. Ich stelle ihnen meine Kindertagespflegestelle und meine Konzeption vor. Sie stellen Fragen, äußern ihre Wünsche. Nach den Treffen verabschieden sie sich. Wenige Eltern sagen direkt zu. Die Mehrzahl will sich später melden. Wenn ich nichts von ihnen mehr höre, bedeutet das, dass sie sich dagegen entschieden haben oder was anderes gefunden haben.

„Alle Arten von Menschen."

Es ist echt jedes Mal spannend.
In einem Jahr habe ich jede Menge Eltern kennengelernt.
Fünf alleinerziehende Mütter und achtunddreißig Ehepaare.
Aus unterschiedlichen Kulturen, Religionen, Länder, Sprachen,
Hautfarben, Bildung, Alter. Verschieden Einstellungen habe ich
kennengelernt, der bittere war schwer runter zukriegen: Rassismus, Konflikt Süchtigkeit, Arroganz, Unehrlichkeit. Die Eltern
die: Freundlich, kooperativ, pünktlich, interessiert, humanitär,
verständnisvoll, habe ich geschätzt.

Beispiele das Ergebnis bestimmten Treffen

**1.Ich habe wenige Eltern kennengelernt,
die schon wissen was sie wollen.** *Angenehm.*

Eltern N sagen:	So viele Stunden will ich mein Kind nicht in die Betreuung geben.
Eltern S sagen:	Wir fahren in den Urlaub, können wir uns vorher treffen? Getroffen, Vertrag unterschrieben.
Eltern B sagt:	Ihre Konzeption ist genau, was ich mir wünsche. Ich melde mich. Ein Tag danach, getan, fertig.
Eltern P sagen:	Wir melden uns. Ein Tag danach: „Wir haben darüber geschlafen, wir lassen unser Kind von Ihnen betreuen."
Eltern Z sagen:	Mir gefällt Ihre Konzeption und die Räumlichkeiten, wenn Sie wollen, können wir schon den Vertrag unterschrieben.

2. Ich habe viele Eltern kennengelernt, die die Kindertagespflegepersonen oder die Kindertagespflegestelle vergleichen wollen.

Eltern M sagen:	Wir sind neu hier, wir verstehen alles nicht. Es gefällt uns sehr. Wir stellen morgen den Antrag beim Jugendamt und sagen Ihnen Bescheid. Ein Tag danach: Wir wollen noch andere Kindertagespflegestellen angucken. Danach, nichts.
Eltern A sagen:	Sie sind die erste, die ich getroffen habe. Ich schaue weiter und melde ich mich. Danach, nichts.
Eltern M sagen:	Es gefällt uns sehr. Wir gucken weiter. Wenn wir uns melden, wie sollen wir vorgehen? Danach, nichts.

3. Ich habe manche Eltern kennengelernt, die unentschlossen sind oder die ihre Entscheidung von anderen beeinflussen lassen.

Eltern O sagt:	Es gefällt mir und mein Kind fühlt sich hier wohl. Ein Tag danach: Meine Eltern sagen, es ist nicht gut, das Kind wegzugeben. Ich weiß nicht. Sie wollen sich vielleicht selbst um ihn kümmern.
Eltern O sagen:	Es gefällt uns, wir wohnen auch in der Nähe. Ich fange wieder bald an zu arbeiten. Ich weiß nicht, ich muss mit meinem Chef sprechen. Ob mit der Zeit alles funktionieren würde? Wir melden uns.

4. Ich habe viele Eltern kennengelernt, die unehrlich sind. Unangenehm.

Eltern U sagt:	Es gefällt mir. Können wir den Vertrag unterschreiben?
Morgen:	Jemand hat mich angerufen. Er arbeitet Vollzeit. Das ist besser für mich, ich geh gucken. Ich melde mich. Danach nichts.
Eltern M sagen:	Wir sind glücklich, dass sie noch einen Platz haben. Alles gefällt uns. Morgen stellen wir einen Antrag beim Jugendamt. Wir melden uns. Danach nichts.
Eltern A sagen:	Wir haben heute mit einer Eingewöhnung in eine andere Kindertagespflegestelle angefangen. Die Kindertagespflegeperson weiß nicht Bescheid.
scheid.	
	Wir wollen aber bei Ihnen vorbeischauen.
Eltern P sagen:	Wir sind Studenten. Unser Kind ist schon in Betreuung. Wir sind mit der Betreuung nicht zufrieden. Wir wollen da aufhören. Die Kindertagespflegeperson weiß nicht Bescheid. Wenn wir einen anderen Platz gefunden haben, kündigen wir den Vertrag.
Eltern H sagen:	Wir besprechen es mit den Großeltern wegen Bring- und Abholzeiten. Es wird sicherlich funktionieren. Wir melden uns. Danach, nichts.

Eltern C:	Der Familienname? Geburtsdatum des Kindes? Weiß ich nicht genau. Ich habe meinen Ausweis nicht mit. Schicke ich Ihnen. Ein Tag danach ruft jemand anderes an und gibt die Daten durch. (Sie kann nicht schreiben und lesen).

5. Ich habe manche Eltern kennengelernt, die Rassisten sind.

Eltern D sagen:	Wo kommen Sie her? Die Kinder haben das Recht auf Bildung und Sprachförderung in der Betreuung. Wie soll das gehen? Sie sind Ausländerin.

6. Ich habe *wenige* Eltern kennengelernt, die Zusammenarbeit schätzen. Die kommunizieren wollen. Die an der Unterstützung ihrer Kinder interessiert sind. Es ist *eine Bereicherung* für beide Parteien. Es ist *wunderschön*. Die Betreuung ist effektiver und trägt zum Wohl des Kindes bei. *Diese Eltern schätzen meine Arbeit und Mühe, die damit verbunden ist.*

Die Ergebnisse der oberen geschilderten Kennenlerntreffen mit den Eltern zeigen deutlich, dass die freien Plätze nicht immer schnell zu besetzen sind. Ich übe mich immer wieder an Geduld, Freundlichkeit, Unparteilichkeit. Ich möchte jedem Respekt erweisen. Abgesehen von allen Unterschieden, möchte ich jedem einen Betreuungsplatz ermöglichen. Ich habe Verständnis, wenn die Eltern sich nicht direkt entscheiden können oder wollen. Ich weiß als Mutter, dass manche Eltern Zeit brauchen und mehr Möglichkeiten, um eine Entscheidung zu treffen. Es ist nicht immer leicht. Menschen sind verschieden und haben auch unterschiedliche Kapazitäten. Dazu kommt, dass jeder seine Wünsche und Vorstellungen hat.

Kindertagespflege-Wechsel

Wenn die Betreuung unterbrochen werden muss

» Konflikte

Es ist immer für die Kinder schade und für die Eltern schwer, wenn das Kind in einer neuen Kindertagespflegestelle anfangen muss. Das passiert, wenn es ungelöste Konflikte gibt. Es ist brutal, schwer, traurig für die Kinder. Unangenehm für die Eltern. Oft spüren die Kinder die Situation oder bekommen sie mit. Sie müssen wieder mit einer Eingewöhnung anfangen. Sie müssen ihre vertraute Gruppe, Umgebung verlassen. Das ist für mich auch eine Herausforderung.

J. ist vor meiner Wohnungstür wochenlang hin- und hergegangen. Es hat gedauert, bis er akzeptiert hat, reinzukommen.

In solchen Fällen wollen die Eltern darüber ausführlich berichten. Es ist normal.

Ich möchte aber die Geschichte nicht hören oder etwas darüber erfahren. Wenn ich die kenne, würde sie mich beeinflussen. Die Eltern haben ihre Meinung über das Verhalten der Kindertagespflegeperson. Der Name, der Ort der Betreuung, das alles soll zwischen den beiden Parteien bleiben. Für den Neuanfang ist es besser.

Ich möchte meine persönliche Meinung über die Familie haben. Ich möchte meine persönlichen Erfahrungen mit dem Kind machen.

Ich möchte dem Kind und den Eltern einen neutralen Neuanfang ermöglichen.

» Kinder mit Schwierigkeiten

Es gibt Fälle, wo die Kindertagespflegeperson nicht mit dem Kind klarkommt.

In der A. letzter Kindertagespflegestelle war die Kindertagespflegeperson ziemlich überfordert. Seine Eingewöhnungszeit war für mich auch intensiv. Ich habe mich mit der Situation ausführlich beschäftigt. Dann habe ich verstanden, dass die Mutter auch eine Eingewöhnung braucht. Das Problem war gelöst und alles schreitet voran.

» Eltern Umzug

Manchmal muss die Kinderbetreuung unterbrochen werden, wenn die Eltern umziehen müssen. In solchen Fällen ist das schade für das Kind und schwer für die Eltern. Der Unterschied bei einem Umzug ist, dass alles sanft und friedlich läuft. Es gibt zu Hause und in der Kindertagespflege im Voraus einen vorbereiteten Abschiedsprozess.

Bei N. und L. war die Eingewöhnung angenehm und unkompliziert. Sie kamen aus einer anderen Stadt. Nach zwei Wochen waren sie eingewöhnt.

» Tagespflegeperson stellt die Tätigkeit ein.

D. Kindertagespflegeperson musste aus persönlichen Gründen mit der Betreuung aufhören. Der Abschied ist im Voraus allmählich vorbereitet worden. Nach zwei Wochen war sie auch eingewöhnt.

» Schwierige Situationen

Es gibt Situationen, wo die Eltern überfordert sind. zum Beispiel, wenn das Kind krank ist oder wenn die Mutter selbst noch jung ist. Noch schlimmer ist eine Scheidung der Eltern. In solchen Fällen kommen dann die Eltern ihrer Verantwortungen schwer nach. Das ist dann eine Herausforderung für den Elternteil und für mich.

Die pädagogischen Ansätze

Die Pikler Pädagogik richtet sich an Krippenkinder zwischen der Geburt und drei Jahren und betont die Eigeninitiative von Kleinkindern. Diese wird durch eine entsprechende Umgebung und aufmerksame, einfühlsame Bezugspersonen gefördert.

Zwei Leitsätze:

a. Vor großen Gefahren schützen, kleine Gefahren kennenlernen lassen.
b. Jedes Kind braucht seinen Fähigkeiten entsprechend angemessen Raum, immer groß genug, den nächsten Entwicklungsschritt zuzulassen.

» **Zuschauen und abwarten!**

Mehr zuschauen, weniger tun. Still im selben Zimmer zu sein, während das Kind sich allein beschäftigt, ohne mit ihm zu spielen, ihm etwas beizubringen oder sich sonst um es kümmern zu wollen. Einfach erreichbar sein. Zuschauen ist eine Kunst. Die Kunst des Zuschauens bedeutet, dass man nicht nur sieht, was das Kind tut, sondern auch, dass man entdeckt, was es in diesem Prozess lernt und ob oder wie Erwachsene helfen sollten.

» **„Neu sehen"**

Wir müssen lernen, so zu sehen, wie ein Kind sieht – ganz neu. Versuchen, zu beobachten, was es interessiert, wie es mit Frustration umgeht und wie es kleine Schwierigkeiten löst. Je weniger wir unterbrechen, umso leichter entwickelt sich eine lange Aufmerksamkeitsspanne.

» Bewusst intervenieren

Bewusst intervenieren bedeutet wissen, wann man nicht interveniert.

Den Kindern die minimale Hilfestellung zu geben, die sie brauchen, um aus einer Sackgasse herauszukommen, so zeigen wir ihnen damit unser Vertrauen in ihre Fähigkeiten und erlauben ihnen, sich daran zu freuen, wie sie ihre eigenen Handlungen meistern.

Die „Vorbereitete Umgebung"

» Verlässliche Beziehung zur Betreuungsperson – auch räumlich (Küche – Spielbereich)
» Die räumliche Umgebung ist dann optimal, wenn Kinder freispielen können, ohne sich zu gefährden.
» Räumlichkeiten sollen den Bedürfnissen der Kinder und ihrem Entwicklungsstand entsprechen, keine Unterforderung – Überforderung.
» Räumlichkeiten sollten Möglichkeiten der Balance zwischen Ruhe und Bewegung bieten.
» Materialien müssen bewegungsfreundlich und Sinne anregend sein.
» Besonders geeignet sind „offene" Materialien, ohne didaktische Absichten, die vielseitigen Gebrauch ermöglichen, wie Reifen, Eimer, Becher, Bälle in allen Größen, Körbe, Löffel und Dosen ...

Pädagogische Konzepte unter der Lupe (https://www.rundum-kita.de)

Erfahrungen mit Kindern

Im Laufe der Jahre habe ich zahlreiche unterschiedliche Tätigkeiten ausgeübt. In Ruanda, aber auch in Deutschland aber die Kinderbetreuung ist ein Unikat in seiner Art. Sie umfasst alle Facetten des Lebenseines Menschen. Eine unvergleichbare Bereicherung. Abgesehen von den Betreuung Herausforderungen und den Kinder Lebensweise, jedes Kind ist einfach ein Kind und einmalig.

In einem Jahr konnte ich mehrere interessante Erfahrungen mit Kindern machen. In U3 sind die Kinder noch klein, im Alter von 0–3 Jahren. Sie zu betreuen, ist befriedigend und macht Freude. Es ist jedes Mal spannend, wenn ein Kind kommt und *traurig*, wenn es weggeht. Worum traurig? weil im Laufe der Zeit das Kind mir am Herzen gewachsen ist.

Die Traurigkeit erinnert mich, warum ich mit Kindern arbeiten wollte. Ich weiß ungefähr in welcher Situation ein Kind leben muss. Ich will nicht sagen, dass ich die Tageskinder mehr liebe als ihren eigenen Eltern. Ich meine nur das manche Kinder Hilfe brauchen, Geborgenheit und Unterstützung. Wenn es weggeht, hoffe ich, dass dieses Kind auf seinem Lebensweg das Glück haben wird, ein gutes Herz zu treffen, das es zumindest in den ersten Lebensjahren es unterstützt und begleitet.

Auch wenn die Kinder Abend nach Hause gehen, gehören trotzdem zu unserer Familie. Für unser Enkelkind sind die Kinder sein Freunde. Er ist bedrückt, wenn sie weggehen müssen.

Er geht zu Kita, aber oft möchte er nicht hingehen, weil er gerne mit dem spielen möchte.

Das Jüngste war sechs Monate alt. Das älteste zweieinhalb Jahre alt. Die erste Gruppe bestand aus drei Jungen. Ein Mädchen und ein Junge waren kurze Zeit da.

Die zweite Gruppe war gemischt, zwei Jungen und zwei Mädchen. Die dritte besteht aus drei Jungen und einem Mädchen.

E. Am Spielplatz.
Er ist zweieinhalb Jahre alt. Er stellt sich jedes Mal um die Ecke und ruft die ganze Gruppe, jedes Kind mit Namen. Manchmal wollen die Kinder nicht dahin gehen. Er ruft trotzdem weiter. Witzig ist, dass er, auch wenn allein in der Betreuung ist, das gleiche macht. Er stellt sich in die gleiche Ecke und ruft, obwohl die anderen Kinder nicht da sind.

Er erzählt ausführlich, was alles zu Haus passiert ist. Er spricht deutlich und klar.

Die Mama bringt ihn morgen früh zu mir. Während sie ihm die Schuhe auszieht, fragt er plötzlich: „Mama, hast du dich über deinen Gürtel geärgert, weil du dich über Papa geärgert hast?" Für die Mutter ist es peinlich. Es war kein Streit, sagt sie. Doch, doch, ich habe es gehört.

Der Papa kommt ihn am Nachmittag abholen. Er fragt: „Wieso hast du dich mit der Mama heute Morgen gestritten?" Für den Papa ist es auch peinlich. Er antwortet: „Es war kein Streit."

Er sagt daraufhin: „Doch, doch. Ich habe euch gesehen."

Er kontrolliert alles, was ich tue.

Er beißt. Nur seine Mutter.

Er wiederholt stundenlang den Satz: „Mein Papa ist arbeiten."

M. und C. sind Geschwister. C. ist eineinhalb Jahre. M. herrscht über seinen kleinen Bruder. Er nimmt ihm das Spielzeug weg. Er schlägt ihn. Beim Spielen ist er der Chef. Er will alles für ihn bestimmen.

Beide essen so viel, dass ich sie bremsen muss. Sie lernen beim Essen gut zu kauen und Pause zu machen. Sie kennen das Gefühl nicht, satt zu sein.

C. macht viele witzige, lustige Grimassen.

T. ist zwei Jahre und sieben Monate alt. Er ist so langsam in allem, was er tut. Ich höre ihn kaum. Bei der Ankunft am Morgen ist er schon müde. Er gähnt die ganze Zeit.

Er sitzt die ganze Zeit. Er spielt von seinem Platz aus, mit den Spielzeugen, die in seiner Nähe sind. Am Spielplatz sitzt er im Sandkasten oder auf der Wiese. Er guckt den anderen Kindern beim Klettern, rennen, schaukeln nur zu. Er lässt sich meistens zehn Minuten motivieren, um aufzustehen.

Er schläft oft beim Windeln wechseln ein.

D. ist zwei Jahre alt. Sie läuft stundenlang bis zur Ausgangstür mit ihren Schuhen in den Händen.

Sie singt die ganze Zeit unverständliche Lieder. Sie isst mit geschlossen Augen.

Wenn ich stehe, kommt sie und streichelt mich am Ellenbogen.

Sie hat scheinbar die Bücher noch nie gesehen. Sie sind ihr fremd, sie traut sich nicht diese anzufassen.

A. ist zweieinhalb Jahre alt. Sie weint stundenlang. Beim Essen, beim Schlafen.

Sie läuft einfach mit und macht, was die anderen machen. Wenn sie allein in der Betreuung ist, kann sie nicht mit etwas spielen. Sie sitzt da, guckt ins Leere und weint. Sie hat nicht spielen gelernt. Sie sitzt oft auf dem Mutterschoß, erzählt mir die Mutter. Ich bringe ihr langsam das Spielen bei.

D. ist zweieinhalb Jahre alt. Er läuft den ganzen Tag und schreit. Er kann nicht eine Minute sitzen. Er läuft auf Zehenspitzen. Er schlägt seinen Kopf auf den Boden und gegen alles, was in der Nähe ist, ohne Mitleid mit sich. Er strampelt mit Händen und Füßen. Wenn er Tee trinkt, schluckt er ihn nicht runter, sondern behält ihn im Mund und spukt ihn auf den Boden. Beim Essen behält er gekautes Essen im Mund und irgendwann ist es auf dem Boden.

PROFESSIONELLE ENTWICKLUNG

Fortlaufendes Lernen

» **Im Kurs habe ich grundlegendes Know-how für eine Tätigkeit als selbstständige Kindertagespflegeperson bekommen.**

Dazu gehört, wie man die Gewinnermittlungen und die Steuererklärung für das Finanzamt macht.

Ich habe Informationen über rechtliche Grundlagen erhalten. Der Kurs hat mir pädagogisches Fachwissen zu den Themen Bindung, Entwicklung, Förderung und Bindung – speziell für die Betreuung von Kindern in den ersten drei Lebensjahren – vermittelt.

Ich wurde in der professionellen Kommunikation und Zusammenarbeit mit den Eltern der zu betreuenden Kinder geschult.

In all dem trainiere und lerne ich weiter.

» **Professionelle Korrespondenz**

Ich muss viele Briefe und Mails selbst schreiben. Rechtschreibung, Formulieren in der deutschen Sprache ist für mich eine Herausforderung. In Gedanken fällt es mir leicht, eine Sache auf den Punkt zu bringen. Doch spätestens, wenn ich vor dem Bildschirm oder vor dem Handy sitze, fallen mir oft nur farblose Phrasen ein, weit weg von überzeugenden und positiven Formulierungen.

Um mich sicher zu fühlen, erlerne ich selbst die geschäftliche Korrespondenz.

» Telefonate

Der gute Ton am Telefon.
Richtig telefonieren muss gelernt sein. Das Telefon ist die Visitenkarte der Kindertagespflegepersonen. Eine richtige Kommunikation am Telefon ist das A und O. Schließlich prägt sich der erste Eindruck bei Eltern, Beamten ein. Es ist mühevoll und schwierig, diesen oft negativen Eindruck wieder ins positive Licht zu rücken.
Aus diesem Grund möchte ich mein Telefonverhalten verbessern. Ich mache ein selbstbewusstes Telefontraining zu Hause.

» Fortbildung

Jedes Jahr nehme ich an einer Fortbildung von aktuell zwölf Unterrichtseinheiten (UE) teil. Ich suche mir Themen, die heute passgenau für mein Anliegen oder meine persönliche Situation sind. Fortbildung bringt neue Perspektiven, ich lerne dazu, entdecke Neues und kann als Persönlichkeit wachsen. Ich erwerbe Kenntnisse und Fähigkeiten, die wertvolle Ressourcen für meine berufliche Laufbahn sind.
Erste-Hilfe am Kind: Alle zwei Jahre nehme ich an einem Erste-Hilfe-Kurs am Kind teil.
So kann ich effektiver in Notsituationen reagieren.

» Kommunikation mit den Eltern.

Es ist wichtig, am Anfang Zeit und Energie zu investieren, um eine stimmige Empathie und ein Kontaktfeld aufzubauen. Es soll so gebaut werden, dass das, was beide Parteien sagen und tun, auch ihrer inneren Überzeugung entspricht. Es geht also um Authentizität, Echtheit. Dies insbesondere deswegen, weil man sein Gegenüber nicht kennt. Eltern werden mit vielfältigen Herausforderungen und neuen Aufgaben konfrontiert, dies kann eine Unsicherheit sowie besondere Sensibilität auslösen. Daher ist das Herstellen einer vertrauensvollen Beziehung mit dem Gefühl von Sicherheit besonders wichtig. Ein ehrlicher, offener, freundlicher Umgang miteinander sowie eine ungezwungene Kommunikation ist wichtig. Dieser Umgang sollte außerdem von gegenseitiger Wertschätzung geprägt sein. Ich möchte die Eltern in ihrer Eigenverantwortung stärken. Dies kann geschehen in Form von Gesprächen über Erziehungsfragen oder über konkrete Handlungsmöglichkeiten. Neben dem ersten Gespräch, dem Aufnahmegespräch, und den meist alltäglichen Tür- und Angelgesprächen, die eine Basis schaffen können, um Ängste und Unsicherheiten abzubauen, sind Entwicklungsgespräche in einer gut funktionierenden Erziehungspartnerschaft wichtig. Das ist auch ein kontinuierlicher Lernprozess.

» **Selbstreflexion**

Für eine respektvolle, vorurteilsbewusste, dialogische Haltung ist die kontinuierliche Selbstreflexion besonders im Hinblick auf meine eigenen Wertvorstellungen sehr wichtig. Es geht um Fragen an die eigene Grundhaltung, die das alltägliche pädagogische Handeln beeinflussen. Die Selbstreflexion erweitert meine eigene Erlebnisfähigkeit. Zugleich hilft es mir, Selbstdistanz zu üben, um mich so neuen Perspektiven und Blickwinkeln zuwenden zu können. Damit trägt die Selbstreflexion dazu bei, dass ich darin gestärkt werde, kontinuierlich die Beziehungsgestaltung zu übernehmen. Das ist auch ein Lernprozess.

DIE PROJEKTE

A. *Eine plastikfreie Kindertagespflegestelle*

Warum habe ich mich für einen plastikfreien Alltag entschieden.

Um mich auf den Weg zu einer Kindertagespflege ohne Plastik zu machen, gibt es viele Gründe:

» *Weil mir das Wohl der Kinder und dessen meiner Familie und meins, ganze wichtig ist. Die Erde ist mein Heimatplaneten, ich möchte dazu beitragen das er gesund wird. Wenn sie gesund ist, werden wir alle gesund leben.*

Plastik schädigt die Gesundheit von Menschen, Pflanzen und Tieren.

» *Weil jetzt die richtige Zeit ist.*

In diesem Alter sind Kinder wie Schwämme, sie saugen alles auf, die Gewohnheiten, Vorlieben und das Konsumverhalten.

Da der Vorbildfunktion der Erwachsenen in diesem Alter nach dem Prinzip der Nachahmung besondere Bedeutung zukommt habe ich eine gute Möglichkeit in diesen Bereichen die zu formen.

Auch die Familie können im direkten Kontakt mit der Kindertagespflegestelle den Impuls „plastikfrei" besonders leicht aufnehmen. Kinder verbringen einen Großteil ihrer aktiven Tageszeit in der Kindertagespflege. Ich habe deshalb die große Chance, im Alltag es ihnen zu vermitteln.

Wo werden Kunststoffe eingesetzt?

1. Polyetylen- terephthalat (Pet) 6 %:
   - Polyesterfasern,
   - Folien,
   - Lebensmittelverpackungen
   - Lebensmittelflaschen

2. Polyetylen hoher Dichte (HDPE) 13 %:
   - Plastikflaschen
   - Reinigungsmittelbehälter
   - Rohre für Gas und Trinkwasser
   - Haushaltswaren

3. Polyvinylchlorid (PVC) 13 %:
   - Stiefel
   - Duschvorhänge
   - Fensterrahmen
   - Rohre, Bodenbeläge
   - Elektrokabel
   - Kunstleder

4. Polyetylen niedriger Dichte (LDPE) 15 %:
   - Plastiktüten
   - Frischhaltefolie
   - Müllsäcke
   - Tuben
   - Milchkartonbeschichtungen

5. Polypropylen (PP) 17 %:
   - Lebensmittelverpackungen
   - Innenraumverkleidungen
   - Kindersitze

6. Polystyrol (PS) 5 %:
   - Lebensmittelverpackungen
   - Styroporverpackungen

7. Verschiedene Kunststoffe u. a. 31 %:
   - Zahnbürsten
   - Spielzeug
   PC, PUR
   PA, ABS
   PMMA
   ASA, SAN
   sonstige Thermoplaste

Grafik: PLASTIKATLAS 2019 I Appenzeller I Hecher I Sack, CC BY 4.0

Warum ist Plastik gefährlich für die Menschen, Tier, und Umwelt?

Wer sich auf den Weg zu einer plastikfreie Kindertagesstelle begibt, kommt nicht umhin sich damit zu beschäftigen, was Plastik überhaupt ist.

Plastik ist die Bezeichnung für Kunststoffe aller Art. Es gibt Kunststoffe, die durch chemische Umwandlungen aus Naturprodukten hergestellt werden, und synthetische Kunststoffe, die aus Erdöl, Kohle oder Erdgas gewonnen werden.

Kunststoffe haben viele Vorteile. Plastik zerbrecht nicht in Scherben, wenn es runterfällt, es ist leicht, meist hitzebeständig, flexibel, günstig, leicht zu transportieren und bequem schnell zu entsorgen.

Aber für die Vorteile dieses Materials, dass unser Alltag bestimmt, werden teuer erkauft.

- Plastik wird aus Erdöl, einem nicht nachgewachsen Rohstoff, hergestellt.

- Die Produktion ist energieintensiv.
- Bei der Herstellung werden oft Gift Chemikalien eingesetzt.
- Plastik ist organisch nicht abbaubar.
- Plastik verschwendet nicht einfach so, denn es verrottet nicht.

Microplastik – die unsichtbare Gefahr

Kunststoff gibt es in unterschiedlichen Formen, Farben und Größen. Je kleiner die Kunststoffteile sind, desto höher ist der Anzahl der betroffenen Lebewesen, die diese mit ihrer Nahrung aufnehmen.

Unter Microplastik versteht man kleinste Kunststoffperlen (synthetische Polymere = Kunststoffe kleiner als 5Millimeter), die dauerhaft fest und unlöslich sind und sehr langsam abgebaut werden. Aber auch Microplastik ist nicht gleich Microplastik. Es variiert in Größe, Form und Zusammensetzung.

Wo findet man die Inhaltsstoffe des Produkts beim Einkaufen?

Auf der Rückseite der Verpackung. Man erkennt Microplastik an folgenden Angaben:

- Acrylates Copolymer (AC)
- Polymethylmethacrylate (PMMA)
- Acrylates Crosspolymer (ACS)
- Polyethylene (PE)
- Polyamide (PA, Nylon-6, Nylon-12)
- Polyethylenterephthalate (PET)
- Polyacrylate (PA)
- Polypropylene (PP)
- Polystyrene (PS)
- Polyurethane (PUR)

Schadstoffe in Plastik – Gesundheitsrisiko besonders für Kinder

Die meisten synthetischen Kunststoffe bestehen aus Erdöl als Ausgangsstoff.

Um dem Material die gewünschten, zum Beispiel elastischen Eigenschaften zu geben, werden diverse Zusatzstoffe wie Weichmacher, Stabilisatoren, Farb-Flammschutzmittel oder Füllstoffe beigemischt. 98 Prozent werden in PVC eingesetzt. Diese Stoffe sind im Plastik meist nicht festgebunden und können mit der Zeit oder bei bestimmten Anwendungen (z. B. erhöhten Gebrauchstemperaturen) an die Umwelt abgegeben werden. Sie gelangen dann in Lebensmitteln, den Hausstaub, die Atemluft und damit in menschlichen Körper.

Weichmacher beziehungsweise Weichmachungsmittel machen Kunststoffe weicher, flexible, geschmeidiger und elastischer. Manche Weichmacher sind gesundheits- und umweltschädlich. Insbesondere gilt das für Phthalate, die bei den Weichmachern einen Marktanteil von 70 % haben und einer Produktpalette enthalten sind.

Die einzelnen Phthalate haben unterschiedliche Auswirkungen auf die Menschliche Gesundheit. Vor allem Kinder, deren Organismus sich noch entwickelt, nehmen vermehrt Phthalate auf- etwa aus Spielzeugen und Fußbodenbelägen. Die Gesundheit von Kindern ist durch Weichmacher deshalb besonders gefährdet.

Auf welchen Wegen nehmen Menschen Phthalate auf?

Durch, Abtrieb, erhitzen, Waschen oder Ausdünstung lösen sich einzelne Bestandteile oder Zusatzstoffe des Kunststoffes.

Es gibt verschiedene Möglichkeiten, wie Phthalate in den Menschlichen Körper gelangen:

- Orale Aufnahme durch belastete Lebensmittel, Getränke, Nahrungsergänzungsmittel und Medikamente
- Orale Kontakt mit diversen Objekten wie beispielweise Spielzeug
- über die Lunge z. B. durch Staub oder Luft
- über die Haut durch Kleidung Kosmetika, Hygieneartikel, Spielzeug, Reinigungsprodukte, Erde etc.
- Intravenös durch medizinische Geräte

Einige Substanzen sind deshalb verboten, für andere gibt es enge Grenzwerte.

Woran erkennt man Weichmacher?

- Manchmal findet sich das Kürzel „PVC" oder „Vinyl" oder Kunden finden den Recyclingcode „3" auf der Verpackung.
- Produkte aus Weich-PVC sind weich und haben häufig eine „speckige" Oberfläche.
- Nasentest: Produkte die stark riechen, enthalten Stoffe, die „ausgasen" (Phthalate-Weichmancher sind allerdings Geruchsneutral).

Wie gehe ich vor um dieses Projekt erfolgreich durchzuführen?

Es ist ein langfristiges Projekt, das viel Ausdauer erfordert.

Ich möchte die Eltern auf die Reise mitnehmen. Gespräche führen.

Sie begeistern, Informationen geben.

Das heißt für mich von vieles zu trennen, entsorgen. Schnellstmöglich Spielzeug mit – PVC und grundsätzlich alle unangenehm riechenden Plastikartikel aussortieren.

Mich auf der Suche nach Plastikfreie Alternativen machen, falls möglich beim Hersteller nachfragen in Bereiche:

- Hygiene
- Spielzeug/Spielmaterial
(Ingrid Miklitz, „Auf dem Weg zu plastik-freien Kita", Verlag Herder GmbH, Freiburg im Breisgau 2020)

Plastikspielzeug

Weicher Kunststoff und Weichmacher

Es gibt sehr viele verschiedene Kunststoffarten mit unterschiedlichen Eigenschaften. (Details siehe oben). Ob ein Plastikspielzeug aus gesundheitlicher Sicht zu empfehlen ist, hängt vor allem von der verwendeten Kunststoffsorte und den Zusatzstoffen ab.

Aufblasbares Wasserspielzeug, Bälle, Puppen bestehen oft aus dem ursprünglich harten Kunststoff PVC (Polyvinylchlorid). PVC, häufig auch Vinyl genannt, ist hart und spröde. Die Weichmacher sind nicht festgebunden und werden nach und nach wieder freigesetzt. Sie finden sich dann unter anderem im Hausstaub wieder.

Einige Phthalat-Weichmacher können das Immunsystem sowie Leber und Nieren schädigen.

Deutsche Gesundheitsstudien zeigen, dass die Belastung mit Weichmachern bei einem Teil der Kinder bereits zu hoch ist. Leider sind Phthalat-Weichmacher geruchlos und können nicht durch „Schnüffeln" entdeckt werden. Aber auch Abbauprodukte des Ersatzweichmachers DINCH sind zunehmend im Urin von Kindern nachweisbar.

Hartplastik

Spielzeug aus buntem Hartplastik besteht bei den meisten namhaften Herstellern aus dem unbedenklichen Kunststoff ABS (Acrylnitril-Butadien-Styrol-Copolymer). In Schadstofftest schnitten diese Produkte in der Vergangenheit gut ab.

Verbraucherzentrale, Spielzeug ohne Schadstoffe: Das sollten Sie beim Spielzeugkauf beachten (vz https://www.verbraucherzentrale.de)

Gute Spielzeuge

In der Tat kann pädagogisch gute Spielzeug einen wertvollen Beitrag leisten, nämlich dann, wenn es Kinder beim Experimentieren, Ausprobieren und dem eigentlichen Spielen Freiraum für Kreativität und Entfaltung eigener Spielideen bietet. Gibt ein Spielzeug dagegen alles vor oder lässt nur begrenzte Spielvariationen zu, hat das Kind keine Möglichkeit, selbst Einfluss auf den Spielverlauf zu nehmen.

Hersteller wie Wooden Story, Nic, Spielstabil sowie Tegu achten nicht nur auf die Materialien und vermeiden unnötige Zusätze, sondern sie erschaffen Spielzeuge aus Holz oder Biokunststoff.

Der Hersteller PlanToys setzt als nachhaltiger Holzspielzeug-Hersteller Maßstäbe im Umweltschutz und der Sicherung sozialer Standards. Das Holz stammt von eigenen Gummibaum-Plantagen.

Der Hersteller Greentoys leisten großartiges Spielzeug im Bereich der Kunststoff wie Bagger, Kipper, und Sandspielzeug in BPA freies Kunststoff- und Badespielzeug.

Greenstories, Spielzeug für Babys, von 0–3 Jahre (htt://www.greestories.de)

EU-Bericht: Viele Spielsachen für Kinder gefährlich

Millionen von Produkten, unter allem Produkte aus Kunststoff, fluten jedes Jahr Deutschland und die EU. Von einigen drohen Gefahren, vor allem für die Kleinsten.

Eine Wärmflasche, die warmem Wasser nicht standhält oder ein Teddybär, der in Flammen aufzugehen droht.

Im vergangenen Jahr haben die EU-Länder mehr als 2240-mal vor gefährlichen Produkten gewarnt. In fast jedem dritten Fall (29 Prozent) war Kinderspielzeug betroffen. Die häufigsten Risiken waren nach dem vorgestelltem EU-Bericht über gefährliche Produkte Verletzungen, Gefahr durch chemische Stoffe und das Risiko einer Erstickung.

(Artikel der Tageszeitung 2020).

B. Weniger ist mehr und noch weniger ist mehr

Meine Kindertagespflege orientiert sich nach dem Prinzip „Weniger ist mehr".

Ich bin gerade dabei, so einiges zu verändern und loszuwerden. So viel Spielzeug brauchen die Kinder nicht. Viele Kindertagespflegestellen quellen über an Sachen. Da kommen schnell Langweile und Übersättigung auf. Ich besitze nicht viele Sachen, aber spätestens, wenn ich umziehe, stelle ich fest, dass ich viele unnötige Sachen habe. Deswegen will ich regelmäßig ausmisten. Weniger Sachen sind überschaubar, leichter sauber zu halten und effektiver zu gebrauchen. Die Kinder können sich leichter bewegen, ohne über Sachen zu stolpern. Dabei ist auch die Wohnung gut zu lüften. Was kaputt ist, nicht mehr zu gebrauchen oder verbraucht ist, wird schnell gesehen und entsorgt. Manche Spielzeuge oder Sachen sind doppelt da. Sie sind zu verschenken. Ich habe angefangen gebrauchtes Spielzeug auf Flohmärkten zu kaufen. Da finde ich gutes Spielzeug aus Holz, gute Qualität, die Kreativität fördern. Sie sind günstig und halten länger.

Spielzeug gehört zu einer gesunden Entwicklung dazu, sofern es altersgemäß eingesetzt wird und es bei einer kleinen Auswahl bleibt. Gibt es zu viel Spielzeug, unterstützt es die Neugierde und den Erkundungsdrang nicht mehr.

Je weniger Spielzeug, desto besser kann ich die Kinder beobachten und helfen, wenn sie Unterstützung brauchen. Ich weiß genau, womit ein Kind gespielt hat, wo hat es Schwierigkeiten, wo hat es Fortschritte gemacht. Was ist gerade interessant? Womit beschäftigt es sich intensiv und ausdauernd? Weil es überschaubar ist, kann ich das Spielzeug einfach wechseln, wenn kein Interesse mehr besteht. Ich lasse es dann für einige Zeit verschwinden.

C. Kooperation mit Kita

Nutzen

Ich sehe Zusammenarbeit mit einer Kita in meiner Nähe als wertvoll. Es kann dazu beitragen, nachfragenden Eltern passgenaue Angebote zu machen oder Hinweise geben zu können. Auch die Kinder, die ich bei mir in der Kindertagespflegestelle betreue, werden sich in der Kita weiterentwickeln.

Sie lernen dann die Kindertageseinrichtung kennen. Schließlich werden sich die Kinder im Kindergarten weiterentwickeln. Die Gruppe ist größer als in der Kindertagespflege. Kindertagespflege ist eine familiennahe Betreuungsform. Die Kita ist anders aufgebaut, geräumiger, mit mehr Kindern und Fachkräften, vielen Geräte und einem Platz, um draußen zu Spielen. Die Kinder, die in den Kindergarten sind, die nicht in einer Kindertagespflege waren, kennen diese Betreuungsform nicht. Sie lernen sie kennen.

In der Kita sie haben verschiedene Projekte. Die Teilnahme wird zu meiner Entwicklung beitragen. Durch die Zusammenarbeit werde ich die Stärken anderer erkennen und davon profitieren.

Wir werden zuerst in den Bereichen Bücher lesen, Musik und Spiele zusammenarbeiten. Wenn es gut läuft, kann man im Laufe der Zeit sehen, ob Änderungen vorzunehmen oder Ergänzungen notwendig sind.

Durchwachsende Ansprüche an zeitliche und örtliche Flexibilität in der Arbeitswelt und eine Vielfalt unterschiedlicher Formen familiären Zusammenlebens steigt die Zahl der Mütter und

Väter, die für ihre Kinder passgenaue Betreuungslösung nachfragen. Das stellt die beiden Betreuungssysteme, Kindertageseinrichtungen und Kindertagespflege, vor neue Herausforderungen.

Zwei Betreuungssysteme – ein Bildungsauftrag

Kindertageseinrichtungen und Kindertagespflege haben eine gemeinsame Zielgruppe: Sie machen Eltern Angebote für die Betreuung Plätze. Beide Betreuungssysteme haben denselben Bildungsauftrag.

Tageseinrichtungen für Kinder und Kindertagespflege sollen:

» die Entwicklung des Kindes zu einer eigenverantwortlichen und gemeinschaftsfähigen Persönlichkeit fördern.
» die Erziehung und Bildung in der Familie ergänzen.
» den Eltern dabei helfen, Erwerbstätigkeit und Kindererziehung besser miteinander vereinbaren zu können. (Achtes Sozialgesetzbuch [SGBVIII] § 22) Idealerweise arbeiten sie dabei zusammen. Im gemeinsamen Bildungsauftrag für die Kinder liegt auch ein Auftrag für die Fachkräfte, das jeweils andere System zu kennen und seine Stärke wahrzunehmen.

Bundesministerium für Familien, Senioren, Frauen und Jugend. 4.3 Kooperationen zwischen Kindertageseinrichtungen und Kindertagespflege (htt://www.handbuch-kindertagespflege.de)

Betreuungsbedarfe verändert sich. Viele Familien können den Betreuungsbedarf für ihre Kinder mit einem der oben beschrieben Angebote decken. Arbeiten Eltern aber z. B. in Krankenhäusern, im öffentlichen Nahverkehr, im Einzelhandel oder haben als Studierende abendliche Vorlesungen, dann reicht oft ein Angebot nicht aus und die Eltern sind gefragt, verschiedene Angebote zu kombinieren. Die Betreuungswünsche und Anforderungen der Eltern an verschiedene Kindertageseinrichtungen und Tageseltern sind sehr unterschiedlich und nehmen zu.

MÄNNER

als Kindertagespfleger

Bundesweit hatten Ende 2010 insgesamt zweiundfünfzigtausend Personen eine Erlaubnis des Jugendamtes zur Kindertagespflege. Männer machten davon nur einen kleinen Teil aus (www.welt.de). Dass Männer im Bereich Kindererziehung unterrepräsentiert sind, ist keine Neuigkeit. Auch in der Stadt, wo ich wohne, gibt es deutlich mehr Frauen. Sie betreuen Kinder, meist unter drei Jahren, bei sich zu Hause oder in dafür geeignetes Räumen. Was ist der Grund dafür, dass so wenige Männer in diesem Bereich arbeiten?

Es liegt hauptsächlich am klassischen Rollenverständnis.

Es hat so sich entwickelt, dass man die Arbeit mit Kindern eher Frauen zuschreibt, während Männer eher handwerklich oder wirtschaftlich orientiert arbeiten.

Vielleicht haben auch viele Männer Angst, durch eine Arbeit im Pflegebereich nicht anerkannt oder ins Lächerliche gezogen zu werden.

Es kann auch sein, dass es viele als stressig empfinden und meinen, dass das ein Frauenberuf ist und man nicht genug verdient.

Viele Kindertagespfleger geben nach drei Jahren diese Tätigkeit wieder auf, wenn ihre Kinder aus dem Kleinkinderalter heraus sind. Das hat finanzielle Gründe. Sie gehen dann wieder in ihren alten Beruf zurück. Hinzu kommt, dass es für Tageseltern keine Aufstiegschancen gibt. Da kann man sich fachlich weiterentwickeln, sich mit anderen zusammentun, aber man verdient deshalb nicht mehr und eine Leitungsfunktion bekommt man auch nicht.

Mehr Männer sollten Kindertagespfleger werden. Noch dominieren die weiblichen Beschäftigten in ganz Deutschland den Erziehungssektor.

Fünfundachtzig Prozent der Angestellten in zum Beispiel Kitas in Deutschland sind weiblich. Ihr Anteil in der Kindertagespflege ist noch größer.

Die Nachfrage nach Plätzen ist groß. Ganz viele Kinder brauchen eine männliche Bezugsperson. Gerade in der heutigen Zeit gibt es viele, deren Eltern getrennt sind oder getrennt leben und Kinder brauchen auch eine männliche Identifikationsperson.

Gerade für Kinder alleinerziehender Eltern können Kindertagespfleger hilfreich sein, etwa wenn eine Vaterfigur fehlt. Es ist gut, dass Kinder durch Tagesväter nochmal einen anderen Blick auf die Dinge bekommen.

Von den Bekannten, die Kinder bei einen Kindertagespfleger haben, höre ich immer wieder, wie gut es sei, dass auch ein Mann diese Aufgabe übernimmt. Für eine alleinerziehende Mutter sei es auch besonders wichtig gewesen, dass ihr Kind beim Kindertagespfleger auch den Umgang mit einem Mann kennenlernt.

Die Frage ist nun, wie kann man mehr Männer in die Kindertagespflegetätigkeit holen? Vielleicht wissen viele Männer nicht, dass es Männer gibt, die diesen Beruf ausüben und weitere gesucht werden. Man kann in Werbeaktionen darauf hinweisen.

Die Frauen in der Kindertagespflege können auch die Information an bekannte Männer weitergeben.

Herausforderungen

Es ist für die Männer auf dem Markt nicht einfach. Männer müssen mehr bieten.

Etwas zu bieten, was die Konkurrenz nicht zu bieten hat, z. B. absolut flexibel sein.

So können auch denjenigen Eltern Schichtarbeiten, die Betreuung durch eine ausgebildete Kindertagespflegeperson bekommen. Ich habe selbst in einem Fortbildungskurs erlebt, dass der einzig Tagesvater, der an diesem Kurs teilgenommen hat, eine Teilnahmebescheinigung erhielt mit der Anrede „Frau". Die Männer haben mit Dauerbeobachtung zu kämpfen. Sie müssen als Männer den Job besser machen als jede Frau, um die gleiche Anerkennung zu bekommen. Hinzu kommt das Misstrauen der Bevölkerung und der immer wieder im Raum schwebende Gedanke des Missbrauchs.

KONZEPTION

Vorwort

Es gibt viele unterschiedliche Gründe, weshalb Eltern oder alleinerziehende Elternteile eine Kindertagespflegeperson in Anspruch nehmen wollen oder sogar müssen. Mein Angebot zur Kindertagespflege richtet sich an alle, die in meiner Arbeit eine sinnvolle und notwendige Ergänzung für die Entwicklung ihres Kindes sehen. Wichtig ist herbei für mich die Schaffung von Geborgenheit, Sicherheit für das Kind, die individuelle Förderung von Fähigkeiten und die Unterstützung einer eigenen Persönlichkeit. Um mit Kindern und auch deren Eltern arbeiten zu können, habe ich mir eine Konzeption erstellt. Sie ist für mich verbindlich. Mich begleitet die Konzeption im täglichen Umgang mit den Kindern. Den Eltern biete ich einen Einblick in meiner Arbeit als qualifizierte Kindertagespflege.

Über mich

Liebe Eltern und andere Leser

Mein Name ist xxx.

Ich bin verheiratet, habe ich zwei erwachsene Kinder, ein Enkelkind, das vier Jahre alt ist. Erfahrung mit Kindern habe ich schon seit meiner Jugend, deshalb habe ich mich für eine Pädagogische Ausbildung als Lehrerin entschieden und abgeschlossen. Ich habe vier Jahre für einen Verein mit Eltern und Kindern gearbeitet. Seit März 2019 bin ich als Kindertagespflegeperson tätig. Ich habe die Tätigkeiten Vorbereitende Grundqualifizierung nach dem Kompetenzorientierten Handbuch QHB erfolgreich abgeschlossen. Mit meiner pädagogischen Konzeption möchte ich meine Arbeit als Kindertagespflegeperson für sie transparent machen.

Ein Schwerpunkt meiner Arbeit liegt in Sprache und Kommunikation, wobei die Kreativität der Kinder den Leitfaden bildet. Wichtig ist mir auch eine sanfte Eingewöhnungsphase. Dies werde ich in der Konzeption weiter beschreiben. Ich werde Ihnen gerne die Rahmenbedingungen meiner Kindertagespflegestelle vorstellen. Danach werde ich alles, was die pädagogische Arbeit, Tagesablauf, Zusammenarbeit mit den Eltern, Abholberechtigung, Hausordnung usw. betrifft, vorstellen.

1. Rahmenbedingungen der Kindertagespflege

1.1 Lage

Die Kindertagespflegestelle öffnete ihre „Tür" zum ersten Mal im März 2019. Wir befinden uns in xxx. Sie liegt in xxx in einer ruhigen Umgebung. Im Innenhof befindet sich ein Spielplatz für kleine Kinder. In fünf Minuten zu Fuß erreichen wir auch zwei weitere Spielplätze. Zahlreiche Buslinien fahren regelmäßig von den fußläufigen Haltestellen in der Innenstadt und in verschiedene Stadtteile.

Der Bahnhof xxx mit Anschlüssen an den Regionalverkehr und der Euregiobahn liegt nur circa vier Gehminuten entfernt. Die Autobahnanschlüsse zur A4 und A44 liegen jeweils nur wenige Fahrminuten entfernt.

1.2 Ausstattung

Wir wohnen in einer Hundert Quadratmeter großen Wohnung. Diese besteht aus einem großen Wohn- und Esszimmer mit verschieden Spiel- und Bewegungsmöglichkeiten.

Es wird hauptsächlich zum Spielen und für kreative Arbeit genutzt.

Ein langer breiter Flur, der eine kleine Garderobe und Eigentumsfächer für Hausschuhe, Gummistiefel, Wechselsachen oder das Lagern eins mitgebrachten Kuscheltiers o. ä. bietet. Sie verfügt über einen großen Balkon auf der Sonnenseite.

Die Fußbodenheizung sorgt für angenehme Wärme.

Die Wohnung befindet sich auf der zweiten Etage und ist mit einem Aufzug zu erreichen.

Durch die großen Fenster sind die Räume reichlich beleuchtet und gut belüftet.

Die Wände sind in weißer Farbe gestrichen und mit gemalten Bildern gestaltet.

Da wir zur Miete wohnen, ist es nicht möglich, Kinderwagen im Haus abzustellen. Parkmöglichkeiten gibt es auch nicht. Zu meinem Haushalt und der Kindertagespflegestelle gehören mein Ehemann und mein Enkelkind.

Alle Räume werden regelmäßig geputzt und die Spielsachen in größeren Abständen gereinigt. Die Wohnräume werden alle ein bis zwei Tage von mir gereinigt. Kontaktflächen wie Waschbecken, Tische und Hochstühle wische ich mindestens einmal täglich. Auch die Kinderhandtücher, Geschirrtücher und Spüllappen werden täglich ausgetauscht. Ich verwende Desinfektionsmittel, wo es erforderlich ist, z. B. Toilette, Türklinken.

Wir haben keine Tiere.

Unser Haus ist eine gewaltfreie Zone.

Wir sind ein Nichtraucher-Haushalt. Die Betreuungsräume sind rauchfreie Bereiche.

1.3 Sicherheit

» In allen Räumen befinden sich Rauchmelder.

Im Flur hängt eine Löschdecke.

Ein Erste-Hilfe-Kasten ist vorhanden und vollständig.

» Ich habe einen Ersthelfer-Kurs für Notfälle an Kindern absolviert und erfolgreich mit Bescheinigung abgeschlossen.
» Reinigungs- und Putzmittel sind für die Kinder unzugänglich aufbewahrt.
» Der Herd und der Backofen sind besonders gesichert.
» Es befinde sich keine giftigen Pflanzen in der Wohnung.

1.4 Größe der Kindertagespflegestelle.

Ich biete eine wöchentliche Betreuungszeit von bis zu 40 Stunden. Also 10 Stunden von Montag bis Donnerstag.

1.5 Betreuungszeiten

Die Öffnungszeiten sind:
Montags bis Donnerstag von 7.00 bis 17.00 Uhr

2. Urlaub

Die Kinder haben das Recht auf maximal fünf Wochen Urlaub im Kalenderjahr.

Bei einer Betreuung unter einem Jahr wird der Zeitraum entsprechend angepasst.

Mein Urlaub beträgt fünfundzwanzig Tage im Jahr. In dieser Zeit bleibt die Kindertagespflegestelle geschlossen. Er wird jeweils im Dezember für das Folgejahr festgelegt, in Absprache mit den Eltern.

3. Krankheit

3.1 Bei Erkrankung des Tageskindes

Kranke Kinder werden von mir nicht betreut.

Die Eltern tragen die Verantwortung dafür, sich ein soziales Netzwerk zu schaffen, welches zum Tragen kommt, wenn Ihr Kind krank ist und sie berufstätig sind etc.

Bei Fieber und ansteckenden Infekten findet keine Betreuung statt, um andere Kinder zu schützen. Da der Förderauftrag der Kindertagespflege die Medikamentengabe nicht beinhaltet, ist dies meinerseits nicht vorgesehen. Ich bin gemäß dem Gesetz zur Verhütung und Bekämpfung von Infektionskrankheiten bei Menschen verpflichtet, bei bestimmten Erkrankungen des Kindes einer gesetzlichen Meldepflicht nachkommen. Die Angaben zum erkrankten Kind und über die Art der Erkrankung leite ich weiter an die Behörde (das Gesundheitsamt, Jugendamt).

Um die anderen Tageskinder vor weiterer Ansteckung durch ein erkranktes Tageskind zu bewahren, sollten mir die Eltern ein ärztliches Attest überreichen, bevor das Tageskind wieder betreut werden kann.

Um Notfälle und Unfall zu vermeiden, sollte ich über Krankheiten, Allergien, usw. informiert werden. In Notfällen, in denen die Eltern nicht erreichbar sind, muss es zwei Personen geben, die zu erreichen sind. (zwei Telefon- oder Handynummern mit Namen und Vornamen der Betreffenden).

3.2 Ersatzbetreuung

Die Zusammenarbeit mit meinen Kolleginnen in der Region ist mir wichtig. Somit ist die Ersatzbetreuung bei Krankheit und Urlaub zum größten Teil abgesichert. Durch unsere regelmäßigen Treffen mit den anderen Kindertagespflegepersonen und deren Tageskindern lernen sich alle kennen und somit kann eine Ersatzkindertagespflegeperson bei Ausfällen einspringen.

4. Leitbild

4.1 Grundlagen für meine Arbeit

Die Grundlagen meiner Arbeit bilden der Nordrhein-Westfälische Bildungs- und Erziehungsplan sowie die Leitgedanken der Stadt xxx zur Bildung, Erziehung und Betreuung von Kindern unter drei Jahren. Die Eltern erhalten einen Betreuungsvertrag, in welchem die vereinbarten Konditionen im Detail erklärt sind. Alle wichtigen Angabe werden vertraulich festgehalten.

4.2 Unfallversicherung

Die Gesetzliche Unfallversicherung der Kinder ist für Eltern kostenlos. Versichert sind die Kinder:

» während des Aufenthalts bei mir, z. B. beim Spielen, Essen und Trinken und auch beim Mittagsschlaf
» bei Ausflügen, auf dem Spielplatz oder z. B. im Kindertheater.
» auf dem Weg zu mir und auf dem Heimweg, unabhängig von der Wahl des Verkehrsmittels.

4.3 Die Pädagogische Arbeit

Zielgruppe Kinder

Ich arbeite als Kindertagespflegeperson mit einer Erlaubnis, ausgestellt für die Betreuung von drei Kindern im Jahr 2019. Die Pflegeerlaubnis muss alle fünf Jahre erneuert werden.
Ich betreue vier Kinder zwischen 0–3 Jahren.

4.4 Mein Bild vom Kind unter drei Jahren.

Ein Kind kann seinen Bildungsbestrebungen am besten nachgehen, wenn seine Grundbedürfnisse erfüllt sind. Insbesondere bei kleinen Kindern gehören, neben körperlichem Wohlbefinden, auch emotionale Sicherheit und Geborgenheit zu den Voraussetzungen für eine gesunde Entwicklung, und ein erfolgreiches Lernen. Säuglinge und Kleinkinder sind sehr kompetent und gleichzeitig noch sehr schutzbedürftig. Sie sind verständige, reaktionsfähige und aktive Menschen. Vertrauen in die Persönlichkeit und Entwicklungsfähigkeit eines Kindes sowie Achtsamkeit und Respekt bestimmen daher meine pädagogische Haltung. Kinder unter drei Jahren benötigen für ihre Handlungen die enge Begleitung einer erwachsenen Person, Schutz und Geborgenheit, vertrauensvolle Beziehungen, emotionale Sicherheit und Verlässlichkeit im Tagesablauf. Kinder sind soziale Wesen, die mit anderen Menschen in Kontakt treten, Beziehungen suchen und benötigen.

Jedes Kind bringt Begabungen und Talente mit, die entdeckt, gefördert und herausgefordert werden wollen. Die Entwicklung von Selbstbewusstsein, Eigenständigkeit und Identität ist dabei Grundlage jedes Bildungsprozesses. Ich begleite das Kind liebevoll, achtsam und unterstütze es bei seiner individuellen Entwicklung.

Inklusive Arbeit bedeutet für mich, keine Unterschiede zwischen Bildungsstand, Religionen, kultureller Herkunft, Geschlecht und Alter zu machen.

5. Schwerpunkte

5.1 Kommunikation, Sprache und Sprechen

Die Fähigkeit, Sprache zu erwerben, ist Teil der genetischen Veranlagung.

Jedes Bemühen um Förderung von Sprachverständnis und Sprachentwicklung setzt voraus, dass Kinder unter Einbeziehung aller Sinne in kommunikative Prozesse einbezogen werden.

Sprachbildung beruht daher auf guten Sprachvorbildern, beziehungsvoller Interaktion und kommunikativem Miteinander im Alltag der Kindertagespflegestelle. Sie müssen bei der Gestaltung aller Kommunikation und Unteraktionsprozesse systematisch mitgedacht werden.

Ich signalisiere dem Kind: ich nehme dich wahr, ich höre dir zu, ich möchte dir etwas sagen.

Ich spreche die Dinge an, die die Kinder beschäftigen. Mein Tonfall signalisiert dabei Interesse und Zuwendung. In meiner Rolle als Sprachvorbild wähle ich vollständige, grammatikalisch richtige kurze Sätze, deren Niveau sich am Sprachverständnis des Kindes orientiert. Durch die sprachliche Begleitung von Pflege, Spiel- und Alltagssituationen mit Mimik, Gestik, einfachen Sätzen, dem Singen von Liedern, Vorlesen von Büchern sowie Gesprächen über Bilder, Fotos vertrauter Personen oder Ereignisse aus dem Alltag der Kindertagespflegestelle unterstütze ich ihren Spracherwerb. Fingerspiele und die Verknüpfung von Sprache und Bewegung ergänzen diesen Schwerpunkt. Mit lustigen Reimen, Bilderbüchern, möchte ich die Freude der Kleinen am Sprechen und Zuhören wecken. Mit Hilfe dieser Mittel möchte ich die sprachliche Entwicklung des Kindes anregen und fördern.

Das Sprechen ist selbstverständlich freiwillig und nur Ihr Kind entscheidet, wann und was es sagen will. Jedoch erfahren alle Kinder, dass ich sie immer wieder anspreche und durch Sprache unser Tag strukturiert ist.

Auch das Erlernen von Höflichkeiten wie „Bitte" und „Danke", „Hallo" und „Tschüss" und das Streitschlichten gehört zur Sprachförderung.

Kinder, die bilingual erzogen werden, können hier mit anderen Kindern einen ganz ungezwungenen Kontakt mit der deutschen Sprache herstellen. Im Spiel miteinander ist das Erlernen dieser spielerisch und ungezwungen.

5.2 Sanfte Eingewöhnung

Ich betrachte die Eingewöhnungsphase als die Basis für eine feste, gesunde und emotionale Bindung zwischen dem Kind und mir. Sie ist die Grundlage für eine angenehme, dauerhafte Betreuung für Ihr Kind. Darauf kann ich in der Betreuungszeit bauen. Darin lasse ich mich von dem Berliner Eingewöhnungsmodell inspirieren. Dieses Modell steht dafür, dass eine wichtige Bindungsperson und eine sanfte Trennung schrittweise nötig sind für eine sichere Bindung zu der neuen Person. Durch langsame und begleitete Kontaktaufnahme zwischen Ihrem Kind und mir können zum einen Ihr Kind und sie sich in „Trennung" üben und zum anderen kann ich eine Beziehung zu Ihrem

Kind aufbauen. Das wichtigste jedoch ist, Ihr Kind bestimmt die Eingewöhnungsgeschwindigkeit. Die Eingewöhnungszeit ist eine sehr sensible und auch intensive Zeit, auch für die anderen Kinder der Gruppe. Sie lernen eine neue Familie kennen und müssen Rücksicht nehmen. Da ich mich intensiv um das neue Kind kümmere, stehe ich für die anderen Kinder in dieser Zeit nicht zu ihrer sonst gewohnten vollen Aufmerksamkeit zur Verfügung. Ich ermuntere die Eltern in dieser Phase, genug Zeit einzuräumen, um das Kind zu begleiten, bis es gewöhnt ist. Eine solide Eingewöhnung bildet eine solide Grundlage für die ganze Betreuungszeit. Das erspart dem Kind, den Eltern, den anderen Kindern und mir Stress und trägt dazu bei, dass jeder sich wohl fühlt.

5.3 Soziale Entwicklung

Mit zunehmendem Alter suchen Kinder immer mehr den Kontakt zu anderen Kindern. Gemeinschaftliche Rituale, die alle Kinder einbeziehen (zum Beispiel im Rahmen des Morgen-Kreises) fördern das „Wir-Gefühl" in einer Kindergruppe. In der gegenseitigen Nachahmung erleben sich Kinder als kompetent und drücken Verbundenheit und Gleichartigkeit aus. Beziehungen zwischen Kindern sind daher wichtige Ressourcen für ihre soziale Entwicklung. Aus diesen Gründen gehören solche Rituale zu wichtigen Momenten in meinem Tagesablauf.

Für das Erlernen von Regeln sozialer Interaktion (Geben, Nehmen, Tauschen und Teilen) muss ein Kind viele und vielfältige Erfahrungen machen. Wenn es dabei Grenzen nicht respektiert, muss es erleben, wie sich der eigene Wille mit dem Willen anderer und den Regeln des Miteinanders vereinbaren lassen. Neben Geduld benötige ich hier Klarheit in meinem Handeln und das Bewusstsein, dass jedes Kind nicht nur Autonomie, sondern auch die Einbindung in sein soziales Umfeld anstrebt. Um den Kindern Halt und einen sicheren Rahmen zu bieten, gibt es für alle einige wenige, klare Regeln. Diese wiederhole ich, um den Kindern die Möglichkeit zu geben, es zu üben und die Erfahrungen zu sammeln. So können sie mit zunehmendem Alter mit anderen Menschen zusammenleben.

(Die Arbeit mit Kindern unter drei Jahren, Niedersächsisches Kultusministerium)

5.4 Erziehung

Bei der Kindererziehung ist es mir wichtig, Möglichkeiten zu Selbstständigkeitserwerb zu geben wie z. B.: sich selbst an- und ausziehen,

» selbstständig essen und trinken,
» selbstständig die vorbereitete Umgebung wieder aufzuräumen,
» selbstständig zu spielen und zu gestalten,
» sowie selbstständig Erfahrungen machen zu können.

Selbstständig bedeutet in dem Falle nicht „alleine", ich unterstütze und begleite die Kinder selbstverständlich bei all ihrem Tun und Handeln.

Zur sozialen, fein- und grobmotorischen Entwicklung gehört „Spielen, spielen". Die Spielangebote werden regelmäßig ausgetauscht, um immer wieder neue Impulse zu wecken. Ich lasse in meiner Arbeit die Pikler Pädagogik einfließen. Zwei ihrer Leitsätze sind für mich bedeutungsvoll:

» „Vor großen Gefahren schützen – kleine Gefahren kennenlernen lassen."
» „Jedes Kind braucht seinen Fähigkeiten entsprechend angemessen Raum, immer groß genug den nächsten Entwicklungsschritt zuzulassen."

Pädagogische Konzepte unter der Lupe (https://www.rund-um-kita.de)

Ein weiterer Schwerpunkt meiner pädagogischen Arbeit ist die spielzeugreduzierte Umgebung. Täglich prasseln unendlich viele Eindrücke auf Ihr Kind ein, diese zu verarbeiten ist wahre Schwerstarbeit. Daher bin ich bemüht, den Kindern eine Umgebung zu bieten, die es ihnen möglich macht, sich zwischen wenigen, aber bewusst ausgewählten Spiel- und Beschäftigungsmaterialien entscheiden zu können.

5.5 Partizipation

Kinder werden altersentsprechend an Entscheidungen beteiligt. Partizipation ist schon in früher Kindheit ein wichtiges Thema. Die Kinder können schon über kleine Dinge selbst entscheiden, was für die Entwicklung zu einem kompetenten Erwachsenen sehr wichtig ist.

5.6 Beobachtung und Dokumentation

Das Kinderbildungsgesetz, sowie die Bildungsvereinbarung NRW besagen, dass die Entwicklung des Kindes beobachtet soll. Dabei geht es nicht darum, die Defizite herauszustellen, sondern die individuellen Fähigkeiten, Lernschritte und Stärken des Kindes festzuhalten.

Beobachtung und Dokumentation sind ein wichtiger Teil meiner Arbeit. Sie zeigen mir die Entwicklung des Kindes. So kann ich erkennen, wo das Kind Förderung oder Hilfe benötigt. Gibt es Entwicklungsschwierigkeiten oder Lücken? Was habe ich unternommen? Welche Auswirkung habe ich beobachtet? Damit kann ich die Eltern beruhigen, wenn sie sich Sorgen machen. Ich kann Ihnen auch mitteilen, wenn ich beobachtet habe, dass sie etwas unternehmen sollten (zum Beispiel ärztliche Untersuchung). Fotos sind sehr schöne Erinnerungen von bestimmten Ereignissen als Dokumentation.

Die Kompetenzkarten werden die besonderen Bedürfnisse und den Entwicklungsstand der Kinder darstellen. Das hilft mir und den Eltern, besser zu verstehen und beharrlich zu fördern. Die Kleinkinder brauchen es, damit ihre Bildung, Erziehung und Betreuung außer Haus zur Entwicklungschance werden kann.

6. Erziehungspartnerschaft mit den Eltern

Eltern werden mit vielfältigen Herausforderungen und neuen Aufgaben konfrontiert. Daher ist es für mich besonders wichtig, eine vertrauensvolle Beziehung mit dem Gefühl von Sicherheit herzustellen. Ein ehrlicher, offener, freundlicher Umgang miteinander sowie eine ungezwungene Kommunikation ergeben sich als wichtig.

Mein Wunsch ist, dass unser Umgang von gegenseitiger Wertschätzung geprägt ist. Eine gemeinsame Zielvorstellung und Zielerarbeitung sind zum Wohlergehen des Kindes unerlässlich. Ich bin bemüht, die Elternkompetenz zu stärken, beispielsweise die Erziehungskompetenz sowie elterliche Eigenverantwortung. Das geschieht durch Gespräche über Erziehungsfragen oder konkrete Handlungsmöglichkeiten. Schon im Aufnahmegespräch und danach in den meist alltäglichen Tür- und Angelgesprächen arbeite ich darauf hin, eine gut funktionierende Erziehungspartnerschaft aufzubauen. Ich sehe die Mitgestaltung sowie Partizipation der Eltern als Grundlage für eine gute Zusammenarbeit im Hinblick auf das Wohlergehen des Kindes.

7. Formen der Qualitätssicherung und Entwicklung

Damit ich die Kinder so gut wie möglich begleiten kann, ist es erforderlich, dass ich mich selbst weiterbilde und mein eignes Handeln reflektiere, um die Erkenntnisse in Pädagogik und Psychologie ständig zu erweitern.

8. Das Mitbringen von Spielsachen/Eigentum

Das Mitbringen von einem Kuscheltier o. ä. ist natürlich jederzeit möglich und oftmals, gerade wenn das Trennen morgens noch schwerfällt, ganz ist besonders wichtig. Damit dies aber hier nicht zu Schwierigkeiten untereinander führt, bitte ich Sie, folgendes zu beachten:

» Das mitgebrachte Spielzeug sollte nicht allzu groß sein, sodass es in das Eigentumsfach Ihres Kindes passt, um dort sicher aufbewahrt werden zu können.

» „Kriegsspielzeug" (Spielzeugwaffen, Panzer, Soldaten oder anderes gewaltverherrlichendes Spielzeug) darf nicht mitgebracht werden. Ebenfalls kein Spielzeug, das lärmt und/oder blinkt.

» Bei mitgebrachtem Spielzeug kann es dazu kommen, dass auch die anderen Kinder Interesse daran haben. Für Kinder unter drei Jahren ist das Teilen eine sehr große Herausforderung, denn in ihrer Entwicklung ist es nun erst einmal wichtig, zwischen *mein* und *dein* zu unterscheiden. Bringen Sie daher bitte nur Spielsachen mit, die auch kleine und größere Strapazen aushalten können.

» Spielzeug, welches beim Abholen hier vergessen wurde, kann nicht in meiner Freizeit abgeholt werden!

» Bitte reduzieren Sie die mitgebrachten Spielsachen auf jeweils ein Teil, so fällt es uns leichter, den Überblick zu behalten.

9. Checkliste für Eltern/Bitte mitbringen

Für unseren täglichen Ablauf ist es wichtig, dass jedes Kind über sowohl wetterfeste als auch passende Kleidung zum Wechseln hat. Ihr Kind sollt hier haben: – Wechselsachen zweifacher Ausführung

» Bodys, Unterwäsche, Socken, Hosen, T-Shirts, Pullover
» Hausschuhe oder Stolpersocken
» eine Matschhose
» eine Regenjacke mit Kapuze
» Gummistiefel
» im Sommer: Sonnencreme, Sonnenhut/Käppi
» im Winter: Mütze, Schal, Handschuhe
» Schlabberlätzchen

Windeln und Feuchttücher bringen Sie bitte selbst mit.
Ebenfalls besondere Hygiene- oder Pflegemittel, sofern Ihr Kind diese benötigt.

EXEMPLARISCHER TAGESABLAUF

Kleine Kinder kennen die Uhrzeit noch nicht. Deshalb ist ein gut strukturierter Tag sehr wichtig. Gewohnheiten und Rituale (z. B. Händewaschen nach dem Rausgehen) geben den Kindern Sicherheit und Orientierung.

7:00 Uhr	öffnet die Kindertagespflegestelle, Begrüßung der Kinder
8:00 Uhr – 8:30 Uhr	Begrüßung der späteren Kinder Frühstück
8:45 Uhr – 9:00 Uhr	Wickeln Freies Spielen, Empfang der weiteren Kinder
9:00 Uhr	Morgenkreis (Singen, Musik)
9:45 Uhr	Obst- und Trinkpause
10:00 Uhr – 10:45 Uhr	Rausgehen
11:15 Uhr	Mittagessen
11:45 Uhr	Wickeln
12:00 Uhr – 14:00 Uhr	Mittagsschlaf

14:00 Uhr	Aufstehen Wickeln
14:30 Uhr	Vesper
Ab 14:45 Uhr	Freies Spielen
17:00 Uhr	schließt die Kindertagespflegestelle

Ciana, werde ich dich jemals wiedersehen?

Es hängte fast jeden Tag in öffentlichen Plätzen neue Listen von CICR in Kooperation mit dem Ruandischen Roten Kreuz und anderen weltweiten Hilfsorganisationen von Vermissten Menschen. Ich bin jeden Tag da gewesen, um nach euren Namen zu suchen, nichts!

Ich habe mich oft an der Sainte-Famille-Kirche hingesetzt, wo alle Zurückkehrenden vorbeigingen, in der Hoffnung, dass du kommen würdest oder einer von deiner Familie! Vier Jahre vergingen ohne Auskunft über euch!

Viele Leute, die wir kannten, sind nach und nach zurückgekehrt, auch bei denen habe ich nachgefragt, nichts!

Nachdem wir in Europa angekommen sind und uns ein bisschen eingelebt haben, habe ich die Suche auf Facebook und Instagram fortgesetzt, auch ohne Erfolg. Ich glaube weiterhin, dass du irgendwo auf dieser Welt noch lebst. Solange ich noch atme, warte ich geduldig auf eine Nachricht, über dich, über einen von deiner Familie. Ich glaube weiterhin, dass wir uns eines Tages wiedersehen werden.

Ich habe bis jetzt meine Geschichte noch nie jemand ausführlich erzählen können. Sie ist wie ein Maiskolben. Sie hat unzählige Körner und mehrere Blätter. Sie ist sauer wie eine Zitrone, nicht einfach runterzuschlucken. Dich brauche ich nicht mich zu bemühen, um dir etwas zu erklären, weil du die Vorgeschichte schon kennst. Die Zusammenhänge sind dir vertraut. Du besitzt auch genaue Ortskenntnis. Wie ich dir schon erzählt habe, bin ich seit sechzehn Jahren wieder verheiratet. Ich habe meinem Mann etwas von meiner Geschichte erzählt und erzähle ich immer wieder was. Ich habe die Hälfte noch nicht geschafft. Es fehlt ihm die Vorgeschichte und das örtliche Wissen. Die Zusammenhänge sind vielfältig. Bei unserem Wiedersehen werden wir zusammen lachen, weinen, manche Szene nachspielen. Tag und Nacht, ohne Ende unsere Geschichte erzählen. Wir werden uns leicht wie Federn fühlen. Der Eimer trübes Wasser wird mit klarem, sauberem Wasser ersetzt.

Wir trennten uns, als wir es überhaupt nicht erwartet hatten.

Trotz der tiefen Wunden, die die Trennung in mir verursacht hat, wirst du immer in meinem Herzen präsent sein. Unsere Freundschaft stammt aus unserer Kindheit.

Ich werde diese wundervollen Jahre nie vergessen und auch nicht die Hoffnung verlieren, dich eines Tages wiederzusehen.

C.I.C.R.: Internationales Komitee vom Roten Kreuz

An den Leser

Wie Sie schon gelesen haben, suche ich weltweit nach einer Freundin mit ihrer Familie.

1994, nach der Zerstreuung der ruandischen Bevölkerung im Völkermord, verlor ich den Kontakt zu ihnen. Bis heute gibt es keine Information über jemanden aus der Familie. Sowohl Eltern als auch Kinder. Sie werden vermisst.

Ich schreibe in dieses Buch die Vermisstenanzeige, die ich wiederholt an das Rote Kreuz gegeben habe, mit der Bitte: „Wenn der Leser etwas weiß, gehört hat, erfährt, mir auszurichten."

Adresse: Jada Grisky
Amadeusstr. 200
Deutschland
j.grisky@com.de

oder auf

Facebook
Instagram

Ich würde für jede noch so kleine Information dankbar sein.

Vermisstenanzeige

Familienname: Bijwangara
Vorname: Charles
Geburtsort: Gitarama – Ruanda
Geburtsjahr: 1956
Geschlecht: Männlich

Familienname: Nyirabucurugutu
Vorname: Ciana
Geburtsort: Gikongoro – Ruanda
Geburtsdatum: 2.11. 1960
Geschlecht: Weiblich

Familienname: Nfura
Vorname: Beatrice
Geburtsort: Kigali – Ruanda
Geburtsjahr: 1989
Geschlecht: Weiblich

Familienname : Bucura
Vorname: Fabrice
Geburtsort: Kigali – Ruanda
Geburtsjahr: 1991
Geschlecht: Männlich

Die Autorin

Jada Grisky wurde 1960 in Ruanda geboren. 1990, als in Ruanda die Unruhen begannen, arbeitete sie als Sekretärin im Büro des Ministers für Verkehr und Kommunikation. Nach dem Tod von Präsident Habyarimana vermutete das neue Regime, dass sie vertrauliche Dokumente versteckt hatte. Im Zuge der Unruhen wurde 1995 ihr Mann, der als Soldat gearbeitet hatte, getötet. Die Situation verschlechterte sich dermaßen, dass sie schließlich flüchtete und in Deutschland politisches Asyl beantragte. Die Autorin lebt seit 1999 mit ihren beiden erwachsenden Kindern in Deutschland. 2020 hat sie die deutsche Staatsbürgerschaft erhalten. Nach verschiedenen Tätigkeiten, zuerst als Putzkraft, später als Übersetzerin, arbeitet sie mittlerweile als Tagesbetreuerin für Kleinkinder. **„Danke, dass wir hier weiterleben dürfen"** ist ihr erstes Buch. Sie möchte damit Menschen Mut machen, die sich in einer vergleichbaren Situation befinden.

Der Verlag

*Wer aufhört
besser zu werden,
hat aufgehört
gut zu sein!*

Basierend auf diesem Motto ist es dem novum Verlag ein Anliegen neue Manuskripte aufzuspüren, zu veröffentlichen und deren Autoren langfristig zu fördern. Mittlerweile gilt der 1997 gegründete und mehrfach prämierte Verlag als Spezialist für Neuautoren in Deutschland, Österreich und der Schweiz.

Für jedes neue Manuskript wird innerhalb weniger Wochen eine kostenfreie, unverbindliche Lektorats-Prüfung erstellt.

Weitere Informationen zum Verlag und seinen Büchern finden Sie im Internet unter:

www.novumverlag.com